次世代へつなぐ地域の鉄道

安藤陽・桜井徹・宮田和保 編著

国交省検討会
提言を批判する

緑風出版

まえがき

　いま日本の鉄道と地域社会は岐路に立たされています

　鉄道開業から150年目を迎えた2022年に、国土交通省の有識者検討会がある提言を公表しました。「鉄道事業者と地域の協働による地域モビリティの刷新に関する検討会」の提言『地域の将来と利用者の視点に立ったローカル鉄道の在り方に関する提言～地域戦略の中でどう活かし、どう刷新するか～』（2022年7月25日）がそれです。検討会名も文書名も長いので、以下、「有識者検討会」、「検討会提言」（または単に「提言」）と呼ぶことにします。

　提言では、「ローカル鉄道における利用者の減少は、新型コロナウイルス感染症の拡大以前から、人口減少、少子化の進展、モータリゼーションを前提としたライフスタイルや都市構造の変化等により、相当程度進行していたにもかかわらず、危機認識が広く共有されてこなかった」ことを指摘し、鉄道事業者、国、地方自治体といった関係者が「ローカル鉄道の危機的状況」を共有し、ローカル鉄道の見直しを協議することを提起しています。そこではJRローカル線の存廃をめぐる議論が焦点になっているということができます。

　1981年には新幹線も含めて21,132.6㎞あった国鉄（日本国有鉄道）の営業キロは、1980年の国鉄再建法等により特定地方交通線が廃止され（一部は第三セクター鉄道等として鉄路は維持）、在来線の営業キロは減少してきました。1987年に国鉄が分割・民営化されてJR体制に移行後、新幹線が引き続き整備・延伸されたこともあり、2023年現在、営業キロは約20,000㎞の水準を維持していますが、在来線に関しては、その営業キロは徐々に減少しつつあります。提言でのJRローカル線の「見直し」は、路線の廃止を意図したものといわざるをえず、在来線のさらなる削減と地域社会の衰退をもたらしかねない内容となっています。日本の鉄道と地域社会が岐路に立たされていると考えるゆえんです。

私たちは、2021年に『地域における鉄道の復権—持続可能な社会への展望—』（緑風出版）を出版し、国鉄分割・民営化の破綻を総括しつつ、鉄道の復権による地域社会の再生について問題提起をおこないました。JR体制（分割・民営化体制）の矛盾を顕在化させているJR北海道（北海道旅客鉄道）を主な対象に、鉄道の復権による地域社会の再生を検討しましたが、そこでは北海道の事例は全国的な規模で同様の問題を提起することになるということも含めて述べたつもりです。

　今回の検討会提言の公表は、まさにその危惧が現実のものとなっていくことを示しています。提言によれば、コロナ禍の2020年の時点で、JR旅客各社の輸送密度4,000人／日未満の路線割合は新幹線を除いた全体の57％を占めており、路線の見直しの基準を2,000人／日未満とするか1,000人／日未満とするかによって違いますが、JRの在来線は少なくても22％、多ければ39％が見直しの対象となり（提言、9ページ）、大幅に縮小されることが予想されます。北海道で起きている路線廃止の動きが全国的な規模で展開されようとしているのです。

　1980年の国鉄再建法で廃止された特定地方交通線は、北海道の「長大4線」と呼ばれる100kmを越える路線もありましたが、多くの路線は「過疎地域」の枝線（行き止まり線）と呼ばれる路線でした。その多くはバスに転換されましたが、それでも半数近くの路線が地方自治体や利用者・住民の願いによって第三セクター鉄道として鉄路を維持してきました。しかし、それらの第三セクター鉄道も一部が廃止され、また残っている路線も厳しい経営状況のなかで常に廃止の危機のもとにあります。

　今回の提言は、第三セクター鉄道や地方私鉄だけではなく、JRローカル線を含む地方の中核的な都市の周辺、それらの都市を連絡する路線も含めた在来線の見直しを提起するものです。ローカル鉄道の見直しを提起する提言の理由は是認できるものなのでしょうか。

　私たちは『地域における鉄道の復権』での考えをもとにして、提言の内容について批判的な視点からまとめることにしました。当初は執筆者の専門的な視点からそれぞれ論稿をまとめることを考えていましたが、何度かwebでの研究会を重ねるうちに、Q＆A形式でまとめてはどうかということになりました。提言に対する単なるQ＆Aではなく、私たちの基本的な視点や前著

で示した論点も踏まえて、最終的には3部構成でまとめることにしました。

第1部では、「ローカル鉄道問題はローカルだけの問題ではない」との視点から、有識者検討会の設置の契機と背景、提言の枠組み、概要、論点を、批判的に述べています。

第2部では、提言に対するQ&Aという形式で、第1部で述べた基本的な視点を踏まえて、提言でのローカル鉄道を取り巻く現状の基本認識や、ローカル鉄道を含む地域公共交通の利便性のあり方、地方自治体や国の責任と役割、地域社会における鉄道のあり方などについて、問題を設定し、それに対する回答を述べています。

Q&Aでは、提言で検討されている問題はもとより、提言で触れられていないことについても問題を設定し、回答を述べています。提言ではなぜ触れられていないのかを明らかにすることで、提言内容をより多角的に捉えることができると考えるからです。

第3部では、前著『地域における鉄道の復権』での理論的な考察を踏まえて、鉄道のもつ社会的な性格・役割から国の積極的な関与を前提に、「地域のための鉄道」をどのように活かしていくか、私たちの基本的な考えを述べています。提言の表題にあるように、「地域の将来と利用者の視点に立ったローカル鉄道の在り方」を考え、「地域戦略の中でどう活かし、どう刷新するか」は、鉄道の社会的性格・役割を踏まえた国の積極的な関与が必要であると考えるからです。

次世代へつなげよう、地域のための鉄道を

提言の公表から6カ月余を過ぎた2023年2月10日に、提言をもとにした「地域公共交通の活性化及び再生に関する法律等の一部を改正する法律案」（改正地域公共交通活性化再生法案）が閣議決定され、国会での審議を経て、2023年4月21日に成立しています。主な改正点は (1) 地域の関係者の連携と協働の促進、(2)ローカル鉄道の再構築に関する仕組みの創設と拡充（特定線区再構築協議会の創設と鉄道再構築事業の拡充）、(3)バス・タクシー等地域公共交通の再構築に関する仕組の拡充、(4) 鉄道・タクシーにおける協議運賃制度の創設、となっています（国土交通省〔2023〕）。特定線区再構築協議会の設置により複数県にまたがるローカル線の見直しの協議がJR旅客会社から

も提起できるようになり、JRローカル線の廃止が一気に進むことを憂慮します。また、協議運賃制度の鉄道への拡大で一部線区の運賃が柔軟に改定できることになり、JRローカル線の運賃引き上げを加速させる懸念があります。

　改正地域公共交通活性化再生法のもとで、国土交通省の運用指針案では、輸送密度1,000人／日未満の線区での特定線区再構築協議会の設置の優先度は高いとしながらも、JR旅客各社が公表していた輸送密度2,000人／日未満のみならず、4,000人／日未満の線区も再構築協議会の対象に想定されていると言われています（中国新聞〔2023年〕）。政府は2023年6月20日の閣議で同改正法の10月1日施行を決めていますが、国は沿線自治体や鉄道事業者からの要請を受けて再構築協議会を設置し、路線の見直し＝廃止への関与を強めるものとみられます（時事通信〔2023年〕）。廃止対象となるローカル鉄道の範囲が国の主導で拡大されていくと言わざるをえません。

　ローカル鉄道の見直しは、既存の協議会や再構築協議会を通じておこなわれることになりますが、協議会では本書第1部で示している提言に対する論点や、第2部のQ&Aで述べている問題などが議論されることになると思われます。

　ローカル鉄道、特にJRローカル線が存廃の分岐点にある現在、次世代へ地域のための鉄道をどのようにつないでいくのか、「転轍手」として「ポイント」の切り換えの役割をになうのは利用者であり、地域住民であり、国民（市民）です。

　地域における鉄道の役割を理解し、鉄道の維持・活性化を通じて地域社会の持続可能性を追求されている多くのみなさんにとって、本書がローカル鉄道の存続、維持・活性化に少しでも役立つことを願っています。

　最後に、本書の出版を示唆していただき、またお力添えをいただいた緑風出版の高須次郎氏に感謝いたします。

2023年8月30日

執筆者を代表して
安藤　陽
桜井　徹
宮田和保

3 地方自治体の責任と役割に関するQ&A　　　100

4 国の責任と役割に関するQ&A　　　114

第1部　ローカル鉄道問題はローカルだけの問題ではない

1 はじめに

　国土交通省鉄道局内に設置された「鉄道事業者と地域の協働による地域モビリティの刷新に関する検討会」が、2022年7月25日「地域の将来と利用者の視点に立ったローカル鉄道の在り方に関する提言〜地域戦略の中でどう活かし、どう刷新するか〜」（本文44ページ、参考資料20ページ）を発表しました。検討会とその提言の正式名称が長いので、以下では、必要である場合を除き、単に検討会、提言という簡略名称を使用します。

　この提言の表表紙（図1-1）と裏表紙には、ドーンデザイン研究所（代表水戸岡鋭治氏）作成によるカラフルで豊かな未来を予想させるイラストが配置されています。果たして、提言によってローカル鉄道は再生するのでしょうか。

　提言は、端的に言えば、コロナ禍によって検討会や提言の名称が示すように、鉄道事業者と地域が協働して、国を交えて、特定線区再構築協議会を設置し、ローカル鉄道の存続かバスやBRTへの転換を図ろうとするものです。その背景には、後に詳しく述べるように、コロナ危機によって加速された鉄道事業者、とくにJRの経営危機が存在することは言うまでもありません。

　2021年3月に、私たちはJR北海道をはじめとするJR各社がローカル鉄道の廃止を進めようとしたことについて、地域における鉄道の社会的価値を評価する立場から、国鉄分割・民営化とそれに端を発する採算性重視経営が問題の根本であるとの批判を展開しました[注1]。そうした立場からすれば、今回の検討会提言は、一部に肯定的側面は認められるものの、決して鉄道再生につながるものではないと考えています。その理由は多岐にわたりますが、端的に言えば、ローカル鉄道問題をローカルの問題とのみ把握し、鉄道の危機

注1　宮田・桜井・武田（2021）『地域における鉄道の復権　持続可能な社会への展望』（緑風出版）
　　参照。以下の展開は桜井（2022）「地域公共交通の危機とその再生に関する論点」『前衛』第1013号、
　　pp.185-203に基づいている。

の原因やネットワークを含め日本の鉄道のあり方、とりわけ国鉄分割・民営化の問題点と関連させていないところにあります。

　提言の具体的な問題点は、Q&Aの形で展開されています。

　この第1部の目的は、それに先立って、それらが提言全体における位置づけを明確にするために、以下の点について述べることにあります。一つ目は、検討会設置の経緯とその背景、二つ目は、検討会の提言の枠組と論点です。三つ目は、上で簡単に述べた私たちの立場を改めて示し、あるべきローカル鉄道の姿を提示することです。

図1-1　有識者検討会提言の表紙

2 検討会設置の契機と背景

1 国土交通省の意図

　まず、なぜ検討会が設置されたのかについて述べます。

　2022年2月9日、国土交通省は鉄道局鉄道事業課名でのニュース・リリースで、有識者検討会設置と第一回有識者検討会の開催を発表しました（国土交通省〔2022-*a*〕）。

　その理由として、①沿線人口の減少・少子化やマイカーへの転移などによる利用者の大幅な減少により「各地のローカル鉄道」が危機的状況にあり、コロナ禍がそれに拍車をかけていること、②「民間企業である鉄道事業者の経営努力のみに委ねていては、投資の抑制や減便・優等列車の削減の繰り返し等により公共交通としての利便性の低下と利用者の更なる逸走という負のスパイラルが発生し、地域モビリティの将来的な持続可能性」が喪失する可能性があること、③ローカル鉄道が地域の基幹的・広域的公共交通としての役割を担っていること、そのために、「鉄道事業者と沿線地域が危機認識を共有し、ノウハウとリソースを提供し合いながら、改めて利用者視点に立ち、その利便性と持続性の回復を目指して地域モビリティを刷新していく取組を促す政策のあり方について検討を開始する」と述べています。

　この文書では、ローカル鉄道のバス転換などは入っておらず、鉄道事業者の経営努力の限界とともに危機の共有の必要性を指摘することによって、地方自治体の関与を期待していることがうかがわれます。

2 コロナ禍での本州JRの「赤字転落」

　国土交通省の意図で述べられている①のローカル鉄道の経営危機だけでは、なぜ2022年初頭に検討会が設置されたかの直接的背景を説明することにはなっていません。というのは、すでにJR北海道は2016年に「維持単独困難

路線」を公表し、今日にいたるまで路線廃止、バス転換を実施してきているからです。

　検討会設置の直接的な契機は、『北海道新聞』2022年2月21日「社説」によれば、全国23知事が2021年8月2日に行った国土交通省への「地方の鉄道ネットワークを守る緊急提言」だと言われています。とはいえ、この知事有志の緊急提言も、検討会設置の真の直接的契機ではありません。というのは、同緊急提言提出の直接的な契機は、コロナ禍に直面したJR西日本が2021年2月14日の定例の社長会見で、構造改革の一環として内部補助でローカル鉄道を維持してきたことを見直すという問題提起をおこなったことにあるからです。

　より詳しく述べると、記者会見でJR西日本の社長は、構造改革の一環として、終電の繰り上げ、特急列車の不定期化、一部列車の減便などの列車ダイヤの見直しとともに、「これまで内部補助によって成り立ってきたローカル線の今後のあり方について課題提起をスピードアップし、関係の皆様方と一緒になって、持続可能な地域交通を実現していきたいと思います」（JR西日本〔2021〕）と述べ、新幹線や都市圏輸送による収益で地方ローカル線の経営赤字を補填するという内部補助が、コロナ禍での新幹線や都市圏輸送の輸送量減少から成り立たなくなっており、ローカル鉄道の廃止を暗に示したからです。

　もちろん、この「内部補助崩壊論」によるローカル鉄道の見直しは、2021年2月になって初めてJR西日本が意見表明したのではありません。

　2020年9月に、国鉄分割・民営化以降一貫して黒字であったJR西日本は2020年度決算予想で最終損益が大幅な赤字に転落することが判明します（『日本経済新聞』9月17日）。これに対応する形で2020年10月に同社は、2018年4月に決定していた2022年を最終年度とする「中期経営計画2022」の見直しを図ります。「中計2022見直しの方向性」として次のように述べています。「一方で、繰り返し起こる災禍や、お客様・社会の行動変容によるご利用水準の低下を考えれば、鉄道の高コストな事業構造の改革が必要不可欠である。／地域交通については、線区によっては大量輸送機関としての鉄道の特性が発揮できず、地域にお住まいの方々のニーズに必ずしもお応えできるものとはなっていないことから、様々なご利用に適した輸送の形や新しい交通体系

を地域と共に模索していく」(JR西日本〔2020〕)。

　これが2021年2月の社長会見での意見表明につながっていくのです。

　さらに、2021年5月31日の決算説明会での「スモールミーティング」における質疑でも次のように「内部補助崩壊論」を展開しています。少し長いですが重複を厭わずに引用しておきます。というのは、有識者検討会提言の目指すべき方向と同一だからです。「ローカル線は、鉄道全体のネットワークとして、新幹線や近畿圏在来線のご利用、いわゆる内部補助によって支えられてきたが、現状やポストコロナのご利用状況を考慮すると、全体最適という考え方は成り立たなくなっており、しっかりと向き合っていかなければならないと認識している。鉄道が輸送サービスとしてその地域に適しているのか、地域にとって望ましい輸送サービスの在り方を含め、地域の皆様に問題提起を積極的にしていく必要がある。より効率的で最適な輸送サービスを実現していくことは、弊社だけの問題ではなく、地域の皆様方自身にも地域の交通体系に対してよりイニシアチブを持っていただく必要がある。一緒になって考えていきましょうと、共感を得られるように対話を進めていく。しっかり対話を進めながら共に活路を見出していきたいと強い思いを持って進めていく所存」(JR西日本〔2021-b〕)。

　こうした認識は、JR東日本でも持っていることは、同社が2022年2月14日、検討会に提出した資料からも明らかです。同資料で「お願いしたいこと」として、同社は、「地方交通線については、会社発足以来大きくご利用が減少しており、今後、人口減少や新型コロナウィルスの影響等により、経営環境はさらに厳しくなると考えている。／また、首都圏や新幹線の利益で地方交通線を維持する内部補助構造も成り立ちにくくなっていることから、今後サステナブルな形で地域の公共交通を維持することは、極めて重要な経営課題と認識している。／当社としては、設備のスリム化、運行形態の簡素化等による運営の効率化を推進する一方で、沿線の皆さまにもご理解、ご協力をいただきながら、地域と一緒に『持続可能な交通体系』を構築していくこと」を主張しています。そして、具体的には、「鉄道事業者と沿線自治体等との対話・協議を円滑に進めるための枠組みづくり」を検討すること、その「対話・協議を地域公共交通活性化再生法の仕組みと連動させること」、「持続可能な交通体系」の構築に向けた「予算・税制等の支援」、「路線の特

表1-1 内部補助は「崩壊」したか

JR東日本				JR西日本			
鉄道事業営業損益		単体営業損益		鉄道事業営業損益		単体営業損益	
2018年度	3524億円		3920億円	2018年度	1354億円		1510億円
2019年度	2541億円		2940億円	2018年度	1054億円		1190億円
2020年度	▲5146億円		▲4790億円	2020年度	▲2476億円		▲2340億円
2021年度	▲2537億円		▲1495億円	2021年度	▲1404億円		▲1270億円
2022年度	30億円		909億円	2022年度	260億円		389億円
輸送密度2000人未満の収支				輸送密度2000人未満の収支			
2019年度	運輸収入 58億円	営業費用 752億円	収支 ▲694億円	2018年〜2020年度平均収支	運輸収入 35億円	営業費用 286億円	収支 ▲251億円
2020年度	運輸収入 34億円	営業費用 741億円	収支 ▲707億円				
利益余剰金（2021年度末）2兆470億円				利益余剰金（2021年度末）5610億円			

出所）JR東日本『有価証券報告書』各期、同「平均通過人員2,000人／日未満の線区ごとの収支データ」2019年度、2020年度、JR西日本『有価証券報告書』各期、同「ローカル線に関する課題認識と情報開示について」2022年4月1日、および『鉄道統計年報』各年度。

性に応じた運賃や、モード間の乗り継ぎへ配慮した運賃など」の「柔軟な運賃設定」、さらには、「モード転換後の橋梁等の利活用や撤去等の取扱いについて支援をお願いしたい」と、提言の内容とほぼ同じことを要望しています（JR東日本〔2021-a〕）。

　ここまでくると、提言はJRからの要請を直接の背景としているだけではなく、その具体的な内容についても、JRからの要望に合致しているものと言わざるをえません。

　内部補助に関してはQ1-10を参照してください。ここでは、事実として、たしかに、両社が2022年度に公表した輸送密度2,000人未満／日の路線の営業収支から考えると、コロナ禍で、JR東日本やJR西日本で内部補助が困難になったことは表1-1からも理解できます。しかしながら、同時に、次の2点を指摘しておきます。第1は、コロナ収束後の輸送回復の進展によって、内部補助が可能になるということです。第2は、JR東日本とJR西日本はコロナ禍の経営欠損時期を含めて株主に対して利益還元を継続しており、その総還元額（配当総額＋自己株式取得額）は、輸送密度2,000人未満のローカル線の収支差合計額に相当していることです。JR東日本の場合、2019年度の収支差合計額はマイナス694億円に対して、総還元額は623億円です。2020年度でも、マ

イナス707億円に対して377億円です。JR西日本の場合は、輸送密度2,000人未満のローカル線の収支差合計額は2018年度から2020年度の3カ年平均マイナス286億円と算定されており、3カ年平均の358億円と、ローカル線の収支差合計額を総還元額は、はるかに超過しているのです。配当を行わなければ、内部補助も「崩壊」しなかったと言えます（桜井［2023］）。

3　地方自治体の要望：ローカル鉄道の意義と分割・民営化見直し

　それでは、地方自治体はローカル鉄道問題に対して何を要望したのでしょうか。

　すでに述べたように、検討会が設置された直接の契機と言われているのは、全国23知事が2021年8月2日に行った国土交通省への「地方の鉄道ネットワークを守る緊急提言[注1]」でした。まず、そこから説明します。

　「緊急提言」は、「1. 鉄道利用促進のための機運醸成」、「2. JRを含めた鉄道事業者の経営基盤の安定化への支援」、「3. 鉄道事業法における鉄道廃止等手続きの見直し」を国に要求しています。3は、1999年の同法改正で鉄道事業の廃止が国土交通大臣による許可制から届け出制に規制緩和されたことが、その後のローカル鉄道の廃止を促進したことから、その見直しに言及したものです。

　こうした要望を緊急提言として提出した理由は、次の三つです。

　第1は、自立採算経営の限界です。2021年5月に閣議決定された第2次交通政策基本計画の現状認識でも、とくにコロナ禍の下で、「公共交通の崩壊が起きかねない」と指摘されていること、そして、それへの対応が必要であることを、知事有志の緊急提言は述べているのです。2022年2月14日の国土交通省が指摘した負のスパイラルは、自立採算制の限界であったとも指摘しうるのです。

　第2は、すでに引用した2021年2月のJR西日本の社長会見に対する批判

注1　緊急提言は、発起人の広島・鳥取・島根・岡山・山口の西日本の5県の知事（代表、湯崎広島県知事）に加え、北海道、東北5県、北陸と信越5県、四国4県、さらに山梨、滋賀県を含む18県の知事が共同で、当時の赤羽国土交通大臣に、リモート会議で提出したものです。（23道府県知事〔2022〕）。全文は糸魚川市の下記のwebsiteに掲載されています。https://www.city.itoigawa.lg.jp/secure/32691/10. /10.〔資料3-1〕%20地方の鉄道ネットワークを守る緊急提言（長野県）.pdf

です。「我々、知事有志は、ローカル線の存廃や運行計画の変更が企業の論理に委ねられ、地域の公共交通網の構成を脅かす現状は、看過しがたいと考えるに至った」とし、収益基準でのローカル鉄道切り捨てに対する批判です。内部補助崩壊を口実にローカル鉄道を廃止するという企業の論理に対して知事有志は異議申し立てをしているのです。

第3は、ローカル鉄道の社会的意義です。ローカル鉄道が果たしている役割として、「緊急提言」は通学、通勤、通院などの「中山間地域における貴重な移動手段」であり、全国ネットワークを形成していることを指摘しています。その廃止は地域住民の生活を破壊するとともに、地域そのものの衰退を招くことになるという認識です。

この第3の理由は、私たちの見解とほぼ同一です。検討会提言でも、部分的には、ネットワークの形成における意義などは取り入れられたと言えそうです。

しかしながら、知事有志の意見によると、第1の理由の自立採算の限界および第2の理由の企業の論理によるローカル鉄道批判は、国鉄分割・民営化の問題にまで直結するものです。そしてこの点こそは、有識者検討会提言では取り入れられなかった問題です。なぜローカル鉄道問題が国鉄分割・民営化に直結するのか。次にこの点を広島県が検討会に提出した意見書に基づいて見ることにします。

検討会に広島県が提出した資料では、「1．採算・収支ないしは株主の視点を過度に重視した"市場原理主義"のような発想に陥ることはあってはならない」（広島県〔2022〕18ページ）、「2．区間ごとにその扱いを考えるという前提に立つのではなく、国鉄改革時の考え方も踏まえつつ、国の交通政策の根幹として鉄道ネットワークをどう考えるかという議論をして頂きたい」（同上、21ページ）と指摘されています。

内部補助崩壊→ローカル鉄道廃止の図式については次のように述べられています。「JRについては、国鉄改革時に、当時の不採算路線を含めて事業全体で採算が確保できるように制度設計された。／この国鉄改革時に想定された制度設計、事業構造が維持できないということであれば、単に路線を廃止して縮小均衡を図るのではなく、JRのあり方そのものに立ち返って、議論することが必要ではないか」（同上、21ページ）。

表1-2 新会社（JR）が継承すべき地方交通線の範囲

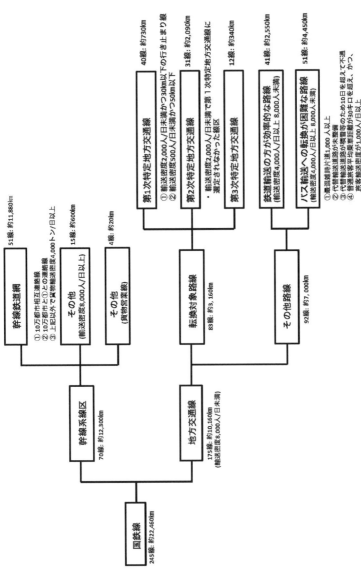

国鉄線
245線：約22,460km

┗ 幹線系線区
70線：約12,300km
（輸送密度8,000人/日以上）

　┗ 幹線鉄道網
　51線：約11,880km
　①10万都市相互連絡線
　②10万都市と①との連絡線
　③上記以外で貨物輸送密度4,000トン/日以上

　┗ その他
　（輸送密度8,000人/日以上）
　15線：約600km

　┗ その他
　（貨物営業線）
　4線：約20km

┗ 地方交通線
175線：約10,160km
（輸送密度8,000人/日未満）

　┗ 転換対象路線
　83線：約3,160km

　　┗ 第1次特定地方交通線
　　①輸送密度2,000人/日未満かつ30km以下の行き止まり線
　　②輸送密度500人/日未満かつ50km以下
　　40線：約730km

　　┗ 第2次特定地方交通線
　　・輸送密度2,000人/日未満で第1次特定地方交通線に選定されなかった線区
　　31線：約2,090km

　　┗ 第3次特定地方交通線
　　12線：約340km

　┗ その他路線
　92線：約7,000km

　　┗ 鉄道輸送の方が効率的な路線
　　（輸送密度4,000人/日以上8,000人/日未満）
　　41線：約2,550km

　　┗ バス輸送への転換が困難な路線
　　（輸送密度4,000人/日以上8,000人/日未満）
　　①最混雑時片道1,000人以上
　　②代替輸送道路が未整備
　　③代替輸送道路が降雪等のため10日を超えて不通
　　④普通旅客平均乗車距離が30キロを超え、かつ、旅客輸送密度が1,000人/日以上
　　51線：約4,450km

（注）線区数及び営業キロは基準日（昭和55年3月31日）の数字である。

注）国鉄再建監理委員会「日本国有鉄道の経営する事業の運営の改善のために緊急に講ずべき措置の基本的な実施方針」（1983年8月2日）や「同実施方針（第2次）」（1984年8月10日）では幹線系線区だけをJR旅客会社が継承すべきとされていた。

出所）「提言」12ページ。

少し補足をしておきます。国鉄分割・民営化時にJR旅客会社が継承する路線は、国鉄再建監理委員会では当初（第一次緊急提言ないし第二次緊急提言）、地方交通線全体を除く路線としていましたが、最終意見で表1-2の転換対象路線、つまり第一次から第三次の特定地方交通線を除く路線に落ち着いたのです（表1-2）。つまり、JR旅客会社は、特定地方交通線を除く路線全体を継承することになったのです。これについてはJR東日本の元会長住田正二氏は「旧国鉄から引き継いだ7500キロの路線を使い、いかによいサービスを提供するかということ」がJR東日本の追求すべき公共性と述べています（住田〔1992〕、159ページ）。JR東海の名誉会長・葛西敬之氏も、「分割民営化を決めた当時の国会答弁で、政府は国鉄から継承された路線はすべて維持されると約している」（葛西〔2001〕、325ページ）と指摘しているところです。

　こうした広島県の見解は、櫛田　泉（2022）「広島県知事が主張『国はJRのあり方を議論すべき』」でも展開されています[注2]。

　それでは、公表された検討会提言は、これらの見解や疑問を取り込んで作成されたのでしょうか。

　こうした点を含めて、検討会の提言の基本的論点を見ていくことにします。その前に、検討会の委員構成と提言の概要・枠組みを簡単に紹介します。

注2　『北海道新聞』2022年8月14日の社説も「民営化の基本構造は大都市圏や新幹線の旅客収入などで収益を上げ、不採算の地方路線や貨物を支えるものだ。脆弱なJR北海道などには経営安定基金を設けた。／コロナ禍の需要減でJR本州3社ですら赤字に転落し、この前提が崩れた。共倒れの危機である。／小手先の制度変更で終わらせてはならない。国は国鉄改革の失敗を認め、35年間を総括すべきだ」と指摘しています。鳥塚　亮氏は沿線住民が鉄道に積極的に関与しなかった理由の一つとして、分割・民営化時に、「今後も全国津々浦々のローカル線を含めて、きちんと列車を走らせます」と国が国民に約束したからだ（鳥塚〔2022〕）と指摘しています。

3 検討会と提言の枠組み・概要

1 検討会の委員構成と審議日程、審議資料

　検討会は、東京女子大学教授の竹内健蔵氏を委員長として6人の委員から構成されました。竹内氏を含めて4人が交通論ないしは交通工学の研究者で、マスコミ関係者と自治体関係者（森前富山市長）が各1名です。厳密な意味でのローカル鉄道関係者が入っていないのがわかります。

　オブザーバーは、JR東日本、JR東海、JR西日本の他は鉄道事業者団体（日本民営鉄道協会、第三セクター鉄道等協議会）や交通事業者団体（日本バス協会、全国ハイヤー・タクシー協会）、労働団体（交運労協）、自治体関係団体（全国知事会、全国市長会、全国町村会）などでした。注目されるのは、個別企業ではいわゆるJR本州3社だけであり、検討対象の主眼はローカル鉄道一般ではなく、JRのそれであることが分かります。

　有識者検討会は、2022年2月14日の第1回から2022年7月25日まで5回開催されました。この間、検討会に提出された資料は、滋賀県と近江鉄道提出資料、JR西日本提出資料、JR東日本提出資料および広島県提出資料、アンケート結果などです。

2 提言の構成と概要

　提言は、巻末の委員名簿、開催実績および参考資料（刷新取組・駅の活性化に関する事例集）を別にすれば、「はじめに」と7つの部分から構成されています（表1-3）。

　端的に言えば、「はじめに」とⅠで、今日のローカル鉄道が危機に陥っている状況とその原因、そこから脱出するための基本認識が述べられ、ⅡとⅢは、国鉄分割・民営化とその後の鉄道事業法の規制緩和による路線廃止の経緯を、Ⅳで2013年以降の交通政策基本法・地域公共交通活性化再生法の制

定とその改正を、Ⅴは同法による
再構築事例を述べています。Ⅵは、
特定線区再構築協議会の設置と、
ローカル線の存廃基準と再活性化
の選択肢、国による支援が述べら
れているということになります。

　この最後の部分、すなわち、特
定線区再構築協議会を設置し、
ローカル鉄道を存続するかバス転
換するかを決定したところでは、
国が一定の支援を行うというのが、
この提言の最大の主張点です。

　特定線区再構築協議会の内容
と政策の方向づけは、表1-4と表
1-5の通りです。これらの内容が
バス転換を促進するものであれば、
ローカル鉄道の維持・存続を訴え
ていた知事有志ないしは広島県知
事の立場からすると「失望」と言
えるかもしれません。

　したがってⅠからⅤまでは、そ
れらを導き出す論拠ということ
になります。より正確に言えば、
ローカル鉄道の問題を、ローカル

表1-3　検討会提言の構成

はじめに

Ⅰ	ローカル鉄道を取り巻く現状
Ⅱ	路線見直しの経緯
Ⅲ	鉄道事業法改正の経緯
Ⅳ	地域公共交通を改善するための法制度
Ⅴ	再構築の事例
Ⅵ	今後取り組むべき方向性
Ⅶ	おわりに

検討会構成員名簿

検討会開催実績

参考資料）刷新取組・駅の活性化に関する事例集

出所）有識者検討会「提言」の目次および全体の構成か
　　　ら作成

表1-4　有識者検討会が設置を求めた協議会

名称	特定線区再構築協議会
設置条件	事業者や自治体の要請で国が設置
協議対象	輸送密度が平時で1000人未満の線区
除外条件	ひとつの県内で完結する
	隣接するいずれかの駅間の利用が1時間に500人を上回る
	拠点都市を結ぶ特急列車や貨物列車が走行する
協議機関	最長で3年、関係者で地域公共交通計画を策定

出所）谷隆徳「ローカル鉄道の存廃、国が関与、問われ
　　　る地域の熱量」『日本経済新聞』（Nikkei View）
　　　2022年7月27日。

の、しかも鉄道だけの問題に限定し、広島県の意見にあるような、ローカル
鉄道問題解決のためには国鉄分割・民営化の見直しを考えることを否定する
論拠ともなっていることです。以下、Q&Aとの連携を考慮しつつ論点を述
べることにします。

表 1-5 提言におけるローカル鉄道改革の方向性と関係者の役割

	鉄道を運行する公共政策的意義が認められる線区	BRT・バス等によって公共政策的意義が実現できる線区
再構築の方向性	・地域戦略と利用者の視点に立った鉄道の徹底的な活用と競争力の回復（運行コストの削減を図りつつ、利便性を向上）に向け、鉄道輸送の高度化に取り組んでいく	・BRT・バス等を導入し、運行コストを削減しつつ、増便、ルート変更、バス停の新設等により鉄道と同等又はそれ以上の利便性を実現していく
事業者の役割	・自治体や他の輸送モードと連携して鉄道の利便性と持続可能性の向上に取り組み、鉄道の活性化に努める	・（JRは）自治体や地元バス事業者等と協働して新たな輸送モードの持続的な運行及び利便性の確保に最大限の協力 ・（JRは）鉄道区間との乗り継ぎ等利便性の確保、観光を含む地域振興に引き続き協力
自治体の役割	・公共政策的意義（鉄道が各地域で果たしている役割）の観点から、上下分離化を含め、今後の在り方に積極的に関与 ・国と共同で公共交通サービスの再構築を支援	・BRT導入に際しては、公共政策的意義の観点から、専用道の公道化を含め、今後の在り方に積極的に関与 ・国と共同で公共交通サービスの再構築を支援 ・不要となった鉄道施設の有効利用、橋梁等を撤去する時期等に関しての関係施設管理者への配慮
国の役割	入口段階：協議会における必要なデータ分析や実証事業への支援 出口段階： ・協議会での合意を条件に、認可運賃とは異なる、地域ニーズを踏まえた運賃の認定を可能とする仕組みの構築 ・車両、駅の整備等の競争力強化や、新たなチケットレスシステムの導入等のスマート化に資する追加的な投資への支援 ・自然災害を被った線区を沿線自治体が上下分離方式を導入しつつ復旧させ、鉄道輸送の高度化を図る場合について、沿線自治体の負担内容を踏まえ、国による支援内容の拡充について検討	出口段階： ・鉄道からBRT・バスへの円滑な移行を可能とする制度的枠組みの整理 ・車両、駅、専用道の整備、デジタル案内システムの導入等、BRT・バスが鉄道と同等又はそれ以上の利便性等を確保するための追加的な投資への支援 ・不要となった鉄道施設の有効活用、橋梁等を撤去する時期等に関しての関係施設管理者への支援

原題は「（参考）線区評価の結果に応じた再構築の方向性と関係者の役割」です。

出所）『提言』40ページ

4 論点

1　ローカル鉄道危機の要因：総合的把握が必要

　第1は、今日のローカル鉄道危機の原因についての検討会提言の記述です。利用者が大幅に低減していることは提言も指摘していますが、その計算方法を別にすれば、それ自体に異論はありません。問題は、その危機をもたらしている原因把握です。

　提言は、危機を二つの側面から把握しています。一つは、人口減少やマイカー利用者の増加、高速道路の普及などで、ローカル鉄道の経営危機の外部要因とも言えます。これらは、自然に生じたのではなく、一方では政府の国土・産業政策と他方では道路偏重のインフラ投資政策から生じた減少です。提言は、これらについて言及せず、単に「与件」として扱っています（Q1-1）。

　もう一つは、ローカル鉄道危機の内部要因とも言うべきもので、有識者検討会開催のニュース・リリースでも述べられていた、負のスパイラル（悪循環）です。提言ではさらに詳しく次のように述べられています。

　「各事業者においては、鉄道路線の維持に向け、自らの経営努力として、列車の減便や減車、優等列車の削減・廃止、駅の無人化等の経費削減策や、投資の抑制や先送り等により対応してきたが、その結果、公共交通としての利便性が大きく低下し、更なる利用者の逸走を招くという負のスパイラルを起こしている線区が出てきている。その結果、民間事業者として許容できないレベルの大幅な赤字に陥り、将来に向けた持続可能性が失われつつある」（8ページ）。

　提言は、負のスパイラルを、「大幅な赤字に陥り、将来に向けた持続可能性が失われつつある」で終わらせていますが、負のスパイラルの結果が路線の廃止を招くということを述べていると言っても良いでしょう。私たちの言葉に翻訳すれば、採算重視の経営が投資の抑制や減便などを通じて利便性を低下させ、その結果マイカー利用者が増加し、そのことが、さらに鉄道利

用者数を減少させ、最終的には路線の廃止に結果し、そのことが、再びマイカー利用者を増加させるということになります（Q2-2）。しかも重要なことは、減便、駅の廃止および路線の廃止は、マイカー利用者の増加を増やすだけでなく、沿線人口の減少にもつながるということです。かつて三陸鉄道の望月社長は、「鉄道駅を廃止した街で繁栄した街はない」と述べています[注1]。

このことは、採算重視ないしは自立採算経営の限界でもあります。そしてこの採算重視ないしは自立採算経営を我が国の交通事業の原則にしたのが国鉄分割・民営化ですが、この点は次のところで述べます。

ここで指摘したいことは、ローカル鉄道危機の外部要因と内部要因の相互連関です。マイカー利用者の増加は、一方では外部要因の結果でもありますが、すでに述べたように内部要因の結果でもありますし、人口減少も一部は負のスパイラルの結果でさえあります。もう少し視野を広げると、ローカル鉄道危機の外部要因と内部要因の相互連関は図1-2のようになります。鉄道路線の廃止はバス転換につながり、さらにそのバスも鉄道における負のスパイラルと同様に、また路線が廃止され（Q2-3）、いわゆる交通空白地域を拡大させ、その結果、マイカー利用者が増加するとともに、多くのところで自家用有償運送事業が増加しているのです。こうした問題を提言は全く触れようとはしていません。

2　国鉄分割・民営化と路線廃止の評価

第2は国鉄分割・民営化と、鉄道事業法改正による規制緩和が路線廃止を促進したことについてもほとんど問題にしていないことです。

国鉄再建法に基づく特定地方交通線廃止を別にしても、国鉄分割・民営化以後にJRから分離され廃止された路線は、提言の言葉を借りて言えば、「JRの経営判断で廃止した路線」18線区787.1km（表1-6）と整備新幹線開業に伴い分離され、第三セクター化された「並行在来線」があります。後者は現在、10区間675.9kmに達しており、ほとんどが経営困難な状態にあります（表1-7）。

注1　駅や鉄道線の廃止が人口減に繋がるか否かについては議論のあるところです。しかし、奥田（2021）、坂本・山岡（2017）、吾妻（2021）、植村ほか（2021）は、両者の間に肯定的関連を見ています。また鉄道の運行頻度と駅勢圏の人口増減の関連については、松中ほか（2021）参照。

図 1-2 地域公共交通衰退の循環とその諸要因

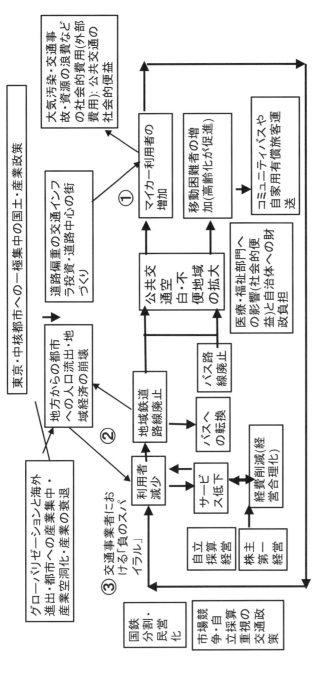

東京・中核都市への一極集中の国土・産業政策

大気汚染・交通事故・資源の浪費などの社会的費用(外部費用):公共交通の社会的便益

道路偏重の交通インフラ投資・道路中心の街づくり

地方からの都市への人口流出・地域経済の崩壊

グローバリゼーションと海外進出・都市への産業集中・産業空洞化・産業の衰退

① マイカー利用者の増加

移動困難者の増加(高齢化が促進)

コミュニティバスや自家用有償旅客運送

公共交通空白・不便地域の拡大

医療・福祉部門への影響(社会的便益)と自治体への財政負担

地域鉄道路線廃止

バス路線廃止

バスへの転換

利用者減少

サービス低下

経費削減(経営合理化)

自立採算経営

株主第一経営

②

③ 交通事業における「負のスパイラル」

国鉄分割・民営化

市場競争・自立採算重視の交通政策

出所)桜井徹「地域公共交通の危機とその再生に関する論点」『前衛』2022年5月号、186ページ(一部修正)。

しかし、これらの路線について提言はなんら検討対象にしていません。

　問題にしたいのは、前者の18線区787.1kmの路線廃止の規模（表1-6）を、提言が、廃止された特定地方交通線規模「83線の3157.1kmと比較しても抑えられてきたと言える」（5ページ）と捉えていることです。国鉄分割・民営化に際して、特定地方交通線以外の地方交通線を含めてJR旅客各社が維持するという政府の約束からすれば、決して抑えられてきたとは言えません。とりわけ、JR北海道の路線廃止は、不利な状況から出発せざるをえなかったという国鉄分割・民営化が有していた構造問題に原因があるのですが、そうした問題について、提言はほとんど言及していないのです。

　また、鉄道事業法の規制緩和（許可制から届け出制）が路線廃止を進めたので、知事会有志がその見直しを行うことを要望したこととの関連で言えば、提言は、「廃止に当たって地方公共団体の同意を要件としたものではない」としつつも、上場したJR各社については大臣指針[注2]では、「仮に路線を廃止しようとするときも、国鉄改革の実施後の輸送需要の動向等を関係自治体等に対して十分に説明することが求められている」（14ページ）とし、鉄道事業法改正が路線廃止を促進したという見解を否定しています。

　しかしながら、大臣指針は言うまでもなく、JRに配慮を求めたもので強制したものではありません。しかも、JRだけでなく私鉄を含めて、鉄道事業法改正が鉄道路線の廃止を進行したことは分析されているのです（波床・山本〔2013〕）。

　こうして、危機の要因にしても路線廃止にしても、国の国土・産業政策、投資偏重政策（Q1-2）、国鉄分割・民営化やそれにつながる自立採算経営および規制緩和の問題は取り上げないで、単に、ローカル鉄道の危機を自治体と

注2　大臣指針は正式には、「新会社がその事業を営むに際し当分の間配慮すべき事項に関する指針」と言います。ここでいう新会社とは、JR東日本、JR西日本、JR東海、JR九州のことです。大臣指針は、これらのJR会社が完全民営化された際に、「旅客鉄道株式会社および貨物鉄道株式会社の法律」の対象外に、つまり政府の規制から外れることに対応して、同法改正の付則に基づき公表された国土交通省告示です。「配慮すべき事項」として、「1. JR会社間における連携および協力の確保」、「2.路線の適切な維持及び駅その他の鉄道施設の整備にあたっての利用者の利便の確保に関する事項」および「3. 中小企業者への配慮に関する事項」の3つに分かれています。2.の内容は、①「輸送需要の動向を踏まえて、現に営業する路線を適切に維持する」②「路線を廃止しようとするときは輸送需要の動向等の変化を地方公共団体および利害関係人に対して十分に説明」③「駅等の整備にあたっては、バリアフリー法の移動円滑化のために必要な措置を講ずるなど、利用者の利便の確保に配慮」の3項目です（『提言』6ページ参照）。

表 1-6　「JR の経営判断で廃止した」路線　時期別分類，事業者別分類

時期別分類

事業者別分類 (km)

JR北海道	367.6
JR東日本	204.5
JR東海	0.0
JR西日本	213.5
JR四国	1.5
JR九州	0.0

線区名称	事業者名	区間	廃止年月	営業キロ
七尾線	JR西日本	和倉温泉—輪島	1991年9月	48.4
函館線	JR北海道	砂川—上砂川	1994年5月	7.3
深名線	JR北海道	深川—名寄	1995年9月	121.8
美祢線	JR西日本	南大嶺—大嶺	1997年4月	2.8
信越線	JR東日本	横川—軽井沢	1997年10月	11.7
可部線	JR西日本	可部—三段峡	2003年12月	46.2
富山港線	JR西日本	富山—岩瀬浜	2006年3月	8.0
岩泉線	JR東日本	茂市—岩泉	2014年4月	38.4
江差線	JR北海道	木古内—江差	2014年5月	42.1
留萌線	JR北海道	留萌—増毛	2016年12月	16.7
三江線	JR西日本	三次—江津	2018年4月	108.1
山田線	JR東日本	宮古—釜石	2019年3月	55.4
石勝線	JR北海道	新夕張—夕張	2019年4月	16.1
大船渡線	JR東日本	気仙沼—盛	2020年4月	43.7
気仙沼線	JR東日本	柳津—気仙沼	2020年4月	55.3
札沼線	JR北海道	北海道医療大学—新十津川	2020年2月	47.6
牟岐線	JR四国	阿波海南—海部	2020年10月	1.5
日高線	JR北海道	鵡川—様似	2021年4月	116.0
合計				787.1

出所）「提言」，7ページから作成。

表1-7　並行在来線分離で設立された第三セクター鉄道と経営成績

運行会社	開業年月	区間	営業キロ
しなの鉄道	1997年10月	軽井沢—篠ノ井	102.4
	2015年3月	長野—妙高高原	
青い森鉄道	2002年12月	目時—八戸	121.9
	2010年12月	八戸—青森	
IRGいわて銀河鉄道	2002年12月	盛岡—目時	82.0
肥薩おれんじ鉄道	2004年3月	八代—川内	116.9
えちごトキめき鉄道	2015年3月	妙高高原—市振	97.0
あいの風とやま鉄道	2015年3月	市振—倶利伽羅	100.1
IRいしかわ鉄道	2015年3月	倶利伽羅—金沢	17.8
道南いさりび鉄道	2016年3月	木古内—五稜郭	37.8
合計			675.9

注）1　この表には、九州西新幹線開業に伴う並行在来線（肥前山口—諫早60.8キロ）は掲載していない。
　　　上下分離方式でJR九州が23年間旅客営業を行うためである。
　　2　今後、北陸新幹線延伸に伴い、金沢—大聖寺（46.4キロ）、大聖寺—敦賀（84.3キロ）の分離
　　　が予定されている。
出所）国土交通省資料から作成。

（単位：千円）

事業者名	鉄軌道業営業損益	全事業経常損益	当期損益
道南いさりび鉄道	-174,158	-195,590	—
IRGいわて銀河鉄道	-98,279	-92,673	-52.493
青い森鉄道	34,133	29,927	3.667
青森県	-111,957	-203,443	—
しなの鉄道	90,101	92.073	-32,925
えちごトキめき鉄道	-577,040	-516,671	-6,254,387
IRいしかわ鉄道	323,322	274,470	163,355
あいの風とやま鉄道	-37,906	-144,559	385
肥薩おれんじ鉄道	-694,745	-688,756	-23,718

出所）『鉄道統計年報』2019年度から作成。

鉄道事業者、とくにJRとの間に共有すべきだとして、その方策を、まずは
1997年に公布され、2014年、2020年に改正された地域公共交通活性化再生
法に解決を求めているのです。

3　地域公共交通活性化再生法における鉄道再生事例とその限界

同法は、民間事業者に委ねていた地域公共交通の整備を、地方公共団体が

地域公共交通総合連携計画（後に地域公共交通網形成計画）を作成し、協議会を通じて必要な支援策を講じるというもので、地域公共交通に公的関与（と言っても自治体）を強化するものです。公設民営型の上下分離やまちづくりとの一体化、さらには独占禁止法の特例として事業者間の共同経営や共同運賃などドイツの運輸連合に通じるような経営形態も認められてきました。

　したがって、提言がローカル鉄道再生にこの法律を活用することは否定しません。というのは、この法律とその後の改正は、国鉄分割・民営化や鉄道事業法で確定された市場競争・自立採算重視の交通政策や規制緩和政策の一定の修正の上に立って、公的関与の必要性を認めていたからです[注3]。

　しかしながら、同法では、地域における公共交通の整備は基本的には地方自治体の責任とされ、国の予算措置も微々たるものでした。さらに、依然として自立採算性を完全に放棄したものではありませんでした（桜井〔2022〕）。

　提言ではこれらの点に言及せずに、同法に基づく多様な再生事例を取り上げています（表1-8参照）。取り上げられている17類型は、鉄道事業としての存続（第三セクター化、分社化、上下分離、みなし上下分離、鉄道車両の購入支援、高速化・複線化、駅施設の合築、駅の移設、スマート化、バスとの共同運行、ダイヤ見直し、運賃見直し、LRT化）と、バスへの転換（BRT化、BRT化・スマート化およびバス化）にわけることができます。提言は、このうち上下分離とバス化を重視しているように思われます。というのは、ほとんどの再生事例の記述が数行であるのに対して、上下分離とバス化が各々1ページと数行を占めているからです。これは、再生の方向を暗示しているようです。私たちは、国の所有ないしは支援による上下分離に賛成ですが、バス転換やBRT転換については疑問を持っています（Q2-4、Q2-5）。むしろ、バスとの共同運行の方向、ドイツ的な運輸連合的な解決を求めています。

　とはいえ、ここでの最大の問題は提言も地域公共交通活性化再生法で述べているように、同法は、鉄道に限定して言えば、地方私鉄が主な対象であり、JRを対象に「ローカル線区の在り方について正面から取り上げられた事例は

注3　元国土交通省総合政策局公共交通政策部長の城福健陽氏も、同法が、「地域交通分野の課題に対応するためには、民間交通事業者の競争環境を整え創意工夫を期待する各個別の事業法に基づく交通事業者のサービス提供のみに委ねることでは限界があることが明らかとなった」結果制定されたことを認めています（城福〔2021年〕12ページ）。

一件もな」（17ページ）いということです。

　では、なぜ鉄道、とりわけJRはこの法律の対象にならなかったのか。あるいはなることができなかったのでしょうか。

　提言は、その理由を次のように把握しています（以下、引用とも18ページ）。①JRの路線は複数の自治体にまたがって存在しており、自治体間の調整が困難、②古くからある基幹的インフラであり、所与のものと捉えられる傾向、③線区によっては特急列車等の優等列車や貨物列車が運行されており、「その在り方の検討には全国的な観点が必要であること」、「長年にわたり新幹線や都市部、関連事業からの内部補助によって支えられてきた」という実態があり、④「自治体が主体的に取り組む対象ではないとの認識が定着」し、「自分事として」認識されなかったことをあげています。

　ここでの重要な論点は、ひとつは、優等列車や貨物列車などが運行されている、つまり全国ネットワークを形成している（Q2-15、Q4-2、Q4-8、Q4-9、Q5-2）ことから「その在り方の検討には全国的な観点が必要である」（18ページ）と提言も述べていることです。このことと、国鉄改革を経て今日に至っているということや内部補助とを関係させて言えば、分割・民営化を見直すことが必要となるはずです。しかしながら、提言は、ローカル鉄道の問題解決の枠組みを、あくまでも鉄道事業者と自治体との「協働」関係の枠内での議論にとどめようとしているのです。自己矛盾ではないでしょうか。

　そうした問題をとらえずに、提言は特定線区再構築協議会を生み出すために地域公共交通活性化再生法の改革を提案します。第1は、複数の自治体にまたがる場合の枠組みと国が参加できる制度の構築。これは次の特定線区再構築協議会を用意する伏線となっています。第2は、救済型の上下分離ではなく、インセンティブが機能できるように上下分離を整備するなどを含め、従来の鉄道事業再構築事業の不十分点の是正です。第3の規制・運用の適正化では、バス転換の場合も含めた運賃規制の弾力的運用を、第4の財政支援制度の充実では、従来の支援制度は安全投資と利用促進に限定されており、「日常的なメインテナンス経費等に対する支援制度はない」と、支援制度の質的・量的拡大を主張しているのです。とくに最後の点は、もしいわゆる欠損補助も含め、拡大を主張するのであれば前進的と評価しうるものです。というのは、上下分離の問題点の一つが国の支援の不十分性にあるからです

表1-8　提言における「鉄道事業者と地域の協働による地域モビリティの刷新に向けた取組」の類型化と先行事例

第三セクター化	あいの風とやま鉄道
	ひたちなか海浜鉄道
分社化	嵯峨野観光鉄道
上下分解	京都丹後鉄道（WILLER TRAINS）
	福井鉄道
	JR九州長崎本線（肥前山口～諫早）
みなし上下分解	上毛電気鉄道
鉄道車両の購入支援	JR北海道
高速化・複線化	愛知環状鉄道
高速化	JR西日本（姫新線）
駅施設の合築	山形鉄道・JR東日本
駅の移設	JR北海道
スマート化	名古屋鉄道
	JR九州（香椎線）
	WILLER TRAINS
バスとの共同運行	JR四国（牟岐線）・徳島バス
	JR西日本（芸備線）・高速バス
LRT化	富山地方鉄道
BRT化	JR東日本（気仙沼線・大船渡線）
	JR九州（日田彦山線）
BRT化・スマート化	JR西日本とソフトバンク
バス化	JR北海道（日高線）
	JR北海道（石勝線夕張支線）
ダイヤ見直し	JR西日本（高山本線）
運賃見直し	並行在来線

出所）『提言』から作成。

（Q4-3、Q4-4）。

　こうして、特定線区再構築協議会のお膳立てが整うことになります。

4　特定線区再構築協議会とその問題点

　「Ⅵ　今後取り組むべき方向性」に議論を進めていきましょう。大きく5つに分かれています。⑴ 関係者の果たすべき役割・責任、⑵協議の場づくり、⑶線区評価の考え方、⑷ 公共交通再構築の方策、⑸ 国の支援のあり方です。

　⑴ 関係者の果たすべき役割では、提言は、交通政策基本法に規定されて

いる国、地方自治体、鉄道事業者のそれぞれの責務について述べています（表1-5）。この中で注目すべき論点は次の3点です。第1は、三者の責務が均等に述べられているように見えますが、地方自治体の努力が強調されていることです。それは、「中でも地方自治体は、‥‥ローカル鉄道の在り方の見直しに積極的に取り組むべきである」（28ページ）という文章に表われています。

　第2は、支援のあり方として単なる現状維持のための欠損補助ではなく、利便性や持続可能性の向上が図られ、まちづくりや地域振興への貢献等の公共政策的観点から必要不可欠な場合には、実効ある支援を行うべきだとしている点です。事実上の欠損補助の否定になっています。もちろん、まちづくりや地域振興にローカル鉄道を位置づけることは重要ですが、そのことと欠損補助は分離してとらえるべきです。

　第3は、提言が用いる「公共政策的観点」ないしは「公共政策的意義」という用語の問題です。これらの「公共政策的」は鉄道の公共性と理解されるかもしれません。しかし、知事有志意見のところで展開したようなネットワークや地域住民の足としての役割、さらには鉄道の社会的価値という意味ではなく、提言は「公共政策的」という言葉を極めて狭い意味で捉えています。この点を簡単に述べておきましょう。

　提言は、鉄道の「公共政策的意義」を次の二つの意味で使用しています。一つは、まちづくりや地域振興等にローカル鉄道が寄与するという意味です。もう一つは、バスと比較して、バスでは代替できない場合のローカル鉄道の「公共政策的意義」です。ここでは、バスが基本であり、バスが代替できない場合に、鉄道に「公共政策的意義」があるというものです。その批判については是非Q2-5やQ2-12を参照してください。

　⑵協議の場づくりと、⑶線区評価について述べます。

　提言は、特定線区再構築協議会に入る前に、地域公共交通活性化再生法に基づく協議会での合意を主張しています。とくにJRが主張する2,000人未満の線区が対象となるとされています（Q2-13、Q2-14）。とはいえ、検討会提言の最大の特徴は、特定線区再構築協議会の設置（Q3-3、Q4-10）にあります。これらの中心内容は、表1-4の通りです。地域公共交通活性化再生法の協議会との相違は、国が設置するものであることと、協議対象線区の輸送密度が

1,000人未満（Q2-12, Q3-4）と明示されたことですが、①一つの県内で完結する線区、②隣接する駅間の利用が1時間に500人を上回る線区、③拠点都市を結ぶ特急列車や貨物列車が走行する線区（Q2-15）は、除外されます。

　特急列車や貨物列車が走行する路線を特定線区再構築協議会の対象から外したのは、すでに述べたように、ネットワークの問題です。線区評価では、輸送密度という基準だけで一律での評価は避けるとしつつも、前述の「公共政策的意義」から、バス転換が推奨されることになります。

　なお、地域における鉄道の社会的便益をクロスセクター効果（Q2-11）として測定し、同効果額が公共補助額を上回っていることから、上下分離方式での鉄道存続を決定した近江鉄道の事例（表1-9）について、提言は、「交通事業の収支だけを見るのではなく、それが地域の他の様々な分野の費用や効果に及ぼす影響も含めた評価手法（クロスセクター効果など）の活用も検討すべきである」（33ページ）と指摘している点は評価できます。しかし、提言は、こうした鉄道の社会的便益を含めてバス転換との対比を行っていません。ここでも提言の論理矛盾を指摘することができます。

　(4)の公共交通再構築の方策は、従来の地域公共交通活性化再生法の協議会方式と特定線区再構築協議会の関係を述べています。最後の(5)は、国の支援のあり方について、入り口段階と出口段階に分けて述べています。国の支援に関しては、これまで量的にも質的にも少ないと批判されてきました。提言では、国が積極的な支援に乗り出すべきだとしています。

　国の支援は、①鉄道輸送高度化に関する支援メニュー、②地域の実情に対応した新たな輸送サービスの導入に関する支援メニュー、③専門人材の育成・確保の支援にわたっています。①は鉄道存続の場合の、②はBRTやバスへの転換の、そして③は①と②に共通の支援メニューとなっています。

　国の支援を拡大するという方向は、従来に比較すると一歩前進と評価することができます。

　しかしながら、次の点が大きな論点です。一つは、その支援は、協議会で事業者と沿線自治体等との間で合意がなされた出口段階で実施されるということです。合意されなかった地域については、国が支援しないということになります（「頑張っている地域」の応援〔Q4-8〕）。

　もう一つは合意の方向性です。鉄道存続に「公共政策的意義」が認められ

る場合とBRTやバス導入の場合の双方とも、利便性向上と言いつつも、経費の削減が大きな要素になっていることです。「技術や安全に関わる規制の運用についても、運行本数の少ないローカル鉄道に対して、使用環境に適した設備や車両になっているか、また、経費増の原因となっていないか、検証を行う必要がある」（26ページ）という文章によく現れています（Q2-9）。

　このことは、提言自体が鉄道経営の危機の内部要因と指摘した「負のスパイラル」の再来になる危険性がありそうです。

　しかしながら、インフラ設備が国家の責任であるという視点で見れば、そうした国の支援は弥縫策というべきです。とくに近年、自然災害で不通になった路線が、災害復旧費が巨額にのぼるという理由で廃止されているという現状についても、「鉄道軌道整備法に基づく鉄道施設災害復旧事業費補助等の活用を原則としつつ、沿線自治体の負担内容を踏まえ、国による支援内容の拡充について検討する」にとどまっています（Q5-6）。

　以上、提言の背景と枠組みにかかわって問題点を指摘してきました。

　再度まとめると次の点が最大の問題点です。まず第1は、ローカル鉄道の問題をローカルな地域問題にのみ限定することなく、国土・産業政策との関連で把握すべきです。第2は、JRのローカル鉄道の場合、ネットワークの問題を含めて、国鉄分割・民営化に遡ってその位置づけを議論する必要があります。第3は、地域内で議論する場合も、大量輸送性や公共政策的意義という狭い位置づけでなく、社会的価値や社会的費用から考えていく必要があります。ちなみに、ヨーロッパでの交通モードごとの社会的費用の測定範囲とその計測値は、表1-10のようです。

表 1-9　近江鉄道のクロスセクター効果

分野	近江鉄道が廃止された場合に追加的に必要となる行財政負担項目	施策実施費用（万円／年）	分野別代替費用	
			最小値（万円／年）	最大値（万円／年）
医療	病院送迎貸切バスの運行	1,518	1,518	11,175
	通院のためのタクシー券配布	8,379		
	医師による往診	11,175		
	医療費の増加	13,056	13,056	
商業	買物バスの運行	2,262	2,262	6,278
	買物のためのタクシー券配布	6,278		
教育	貸切スクールバスの運行	17,350	17,350	358,316
	通学のためのタクシー券配布	358,316		
観光	観光地送迎貸切バスの運行	2,261	694	2,261
	観光タクシーの運行	694		
福祉	通院・買物・観光以外での自由目的のためのタクシー券配布	21,391	21,391	
財政	土地の価格低下等による税収減少	928	928	
建設	道路混雑に対応した道路整備	133,860	133,860	
分野別代替費用の合計			191,059	547,265
①近江鉄道線の分野別代替費用		19.11億円〜54.73億円／年		
②近江鉄道線の国・県・市町の財政支出と事業損失額の合計		6.71億円／年		
①−②　クロスセクター効果		12.40〜48.02億円／年		

出所）近江鉄道「近江鉄道存続に向けた沿線自治体との協議について」国土交通省「鉄道事業者と地域の協働による地域モビリティの刷新に関する検討会」提出資料、2022 年 2 月 14日（表現、一部変更）

表 1-10　EU における交通の社会的費用

<table>
<tr><td>

社会的費用（外部費用）の範囲

①事故費用（保険でカバーできない金額）

②大気汚染費用（健康被害や建物への被害、農業・生物多様性の損失）

③気候変動費用（二酸化炭素・窒素酸化物・メタンなどの排出が引き起こす被害）

④騒音費用（虚血性心疾患や脳卒中などの健康被害）

⑤渋滞費用（主に道路）、well to tank（油田からガソリンスタンドまで）排出費用（エネルギー生産に関わる費用）

⑥生息地被害費用（交通インフラが自然や住環境に与える費用）

⑦その他の外部費用（土壌・水質汚染）

⑧その他　計測不可能な費用

社会的費用の計測（2016年）

①全体: 道路8,204億ユーロ、鉄道: 178.7億ユーロ

②1人キロ: 自動車12.0セント、バス3.6セント、鉄道2.8セント

</td></tr>
</table>

出所）European Commission, Handbook on the external costs of transport Version 2019 -11.2020.

5 あるべき方向

最後に、私たちの考える鉄道、とくにJRのあるべき姿として要点を列挙すると次のようになります。

1. 全国的規模で上下分離する。
2. 「下」の鉄道施設については公有とする。
3. 「上」の経営部分については公共サービスとして位置づけ、公共負担による欠損補助を行なう。
4. 地域における鉄道事業は、バス、自家用有償運送などを含めて運輸連合を組織する。
5. それらの財源は、地域公共基金を設定し、ガソリン税からの転用や交通税の創設によって賄う（図1-3参照）。

(桜井　徹)

図 1-3　JR 改革案

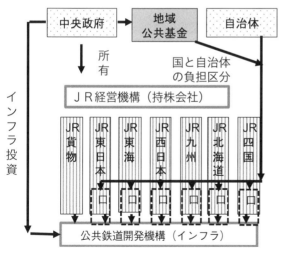

注) 1. 各 JR 旅客会社の近距離輸送は運輸連合の対象。
　　 2. ロはローカル線輸送の略。
出所) 筆者作成。

第2部　提言に対するQ&A

1 ローカル線を取り巻く現状に関するQ＆A

Q1-1　ローカル線の経営困難の要因は何ですか？

Q1-2　「地域モビリティの刷新」の意味は何ですか？　そこでは鉄道はどう位置付けられ、検討会の背景に何がありますか？

Q1-3　提言はローカル鉄道の利用状況や収支状況をどのように認識していますか？

Q1-4　経営が厳しいJR四国とJR北海道は、どのようにして経営を維持しているのですか？

Q1-5　ローカル鉄道はどのような形態の鉄道事業者が運営していますか？　また、形態の違いによって鉄道の運営に影響しますか？

Q1-6　提言はローカル鉄道を見直すと言っていますが、JRローカル線が対象ではないのですか？

Q1-7　国鉄分割・民営化のときにJRのローカル線問題は解決したのではないのですか？

Q1-8　JRのローカル線問題を考える場合、国鉄分割・民営化の評価は避けて通れない課題なのではないですか？

Q1-9　JR旅客各社にローカル線維持の義務を課した法令等はないのですか？

Q1-10　なぜいま内部補助のあり方が強調されるのですか？

Q1-1　ローカル線の経営困難の要因は何ですか？

モータリゼーションと沿線人口減少の影響

　モータリゼーションの進行が鉄道の利用者数の減少をもたらしたとする主張があります。特に、公共交通の縮小・廃止を容認する立場からは必ずと言っていいほど持ち出されます。これらは感覚的に語られていることも少なくありません。これを機会に検証してみましょう。

　日本では、自動車保有台数（普通車、小型自動車、軽自動車の合計）が2,784万台（1985年）から6,214万台（2019年）へ、2.2倍に増えました（日本自動車工業会〔2021〕）。一方、鉄道の旅客輸送人員も、同じ期間に191億人から252億人へ、約3割増えています（国土交通省〔2020年〕）。モータリゼーションが公共交通機関の輸送人員を全体として減少させてきたわけではありません。

　平日における住民の移動手段を見ると、三大都市圏では鉄道16.5％に対し、自動車（運転者＋同乗者。以下同じ）は45.1％で、その差は2.7倍です。一方、地方都市（政令市、県庁所在地クラス）では、鉄道4.3％に対し自動車は58.8％とその差は13.7倍にも及びます。地方都市の休日に至っては、自動車が72.3％と4分の3近くに達する一方、鉄道（2.6％）とバス（1.7％）を合わせても5％にも達しません。公共交通機関がもはや住民の選択肢にもなり得ていないという厳しい現実が見えます（国土交通省〔2020年〕）。

　日本では、自動車の普及と人口の地方から都市部への移動が戦後一貫して続いてきました。この間の人口の推移を見ると、最も少ない鳥取県は61万3千人（2000年）から57万3千人（2015年）へ、さらに6.6％も減らしています。一方、東京都は同じ期間に1,206万4千人から1,351万5千人へ、実に12.0％も人口を増やしています（総務省〔2015年〕）。

　自動車以外の移動手段を持てなくさせられた、いわゆる「交通弱者」が移動手段を求めて都市部に移動する。それに伴い、公共交通機関が利用者を減らし、減便などで不便になる。その結果、交通弱者を中心とした人口の地方から都市部への移動がさらに進む――そうしたスパイラル状況に拍車がかかる一方で、止められない日本の姿をデータは浮き彫りにしています。モータリゼーションが都市部の過密と地方の過疎を進め、両者の格差を拡大させてきたこと、ローカル線の危機と大都市鉄道の混雑激化が「コインの裏表」の

関係にあることもわかります。

このような格差を所与の前提として「役割を終えた」鉄道の廃線を主導することではなく、その格差を埋める政策を立案、実行することがこれからの政府の役割です。

利用者減少を口実に、鉄道事業者が減便・減車、優等列車の削減・廃止、駅無人化などの合理化を続けたことも、利便性を低下させ、利用者をさらに減少させる負のスパイラルを招いてきました（提言、8ページ）。鉄道のもつ社会的役割を自覚し、利便性を高める積極策が鉄道事業者にも必要です。

少子化の影響

0〜18歳人口の減少は、公共交通の利用者数減少という形で直ちに影響を及ぼすことはありませんが、10〜20年後の社会のあり方を占う先行指標として重要な意味をもちます。

①出生率は都市部より地方のほうが高いものの、社会的流動を加味した人口は公共交通機関の利用率が高い都市部で増え、自動車の普及率が高い地方で減っている、②身体機能の衰えにより運転免許の返納を迫られる人の比率は、高齢者の比率が高い地方のほうが高い——という事実から考えると、大都市の公共交通機関にはあまり影響せず、地方の公共交通機関と自動車に大きな影響を与えるという未来が予測できます。

コロナ禍による影響

コロナ禍で「密」を避けるため、混雑率の高い都市部を中心に公共交通機関を忌避する動きが強まりました。都市鉄道は、ローカル線を内部補助で維持するための原資を稼ぎ出す部門であり、そこでの収益悪化は鉄道会社の経営に大きな影響を与えました。今回の提言の背景です。

しかし、コロナウィルス弱毒化に伴う行動制限の解除などで、次第に都市鉄道には乗客が戻り始めています。すでにJR本州3社と九州、大半の大手私鉄は、2022年秋には黒字決算に戻っています。コロナ禍を理由としてローカル線を廃止しなければならない理由はありません。

（地脇聖孝）

Q1-2 「地域モビリティの刷新」の意味は何ですか？　そこでは鉄道はどう位置付けられ、検討会の背景に何がありますか？

有識者検討会の手法と国交省鉄道局の意向

　有識者検討会は鉄道局限りの審議会で、国土交通省全体のものではありません。委員には歯に衣着せぬ論客を揃え、毎月開催と日程はハイペースで、半年で取りまとめられました。毎回「優良」事例の関係者を招致して意見交換され、各回のホームページ掲載でも次回日程予告は最低限で、議事要旨の掲載が大幅に遅れ次回開催後になりました。最終提言も、最終回終了後すぐに掲載されるなど、手際の良さが見え隠れし、あらかじめ事務局案が存在し、協議後微調整での公表を物語っています。

　提言では、「国や地方自治体は見て見ぬふり」「鉄道事業者任せ」「自分事として強い危機感を抱くことなく」など、役所文書では例を見ない表現が随所に見られました。鉄道局が、長期にわたるローカル鉄道放置を認めたわけですが、検討会終了時の記者レクチャーでは、「無くても良い路線がある」「基幹的鉄道ネットワークがさらに厳しくならなければ、国がより踏み込んだ対策にはならない」などと説明され、対策や財政支援が小出しで、国が「地域主権」を口実に、監督（鉄道事業法）と必要な助言（地域公共交通活性化再生法）と関与が曖昧で責任を放棄しています（市川〔2022〕、130〜133ページ）。鉄道ネットワーク維持について、社会政策として必ず国が後見役となる海外とは異なり、上下分離の「下」を国が持つとはしません。新規に「交通税」を持ち出しても、同じ国土交通省道路局所管の道路財源には決して言及しません。2023年1月の交通政策審議会を受け、地域公共交通機関の再構築に向けた法改正や新たな施策が判明しました。はじめて社会資本整備総合交付金の対象となり、地元自治体と事業者と共同で計画を策定する場合には、地方公共交通再構築事業として時間短縮や利便性向上のための投資や、観光・DX（デジタル）対応の補助金等の支援策が打ち出されました。しかしこれらは、鉄道以外も含めた公共交通全般への支援で、この財源は全部合わせても初年度500億円。この額は、地方部での自動車専用高規格道路（片側1車線、対面通行）の1kmあたりの単価の10カ所分とほぼ同じで、全く別だとされる2023年度の国の道路予算総額の2兆1,000億円（道路局予算決定概要）と比べ

て、微々たる額でしかありません。地方側にはかなりの構想力が必要で、限りある予算への申請競争になりそうです。

有識者検討会の背後に何があるのか

　今回の検討会は、23道県知事「地方の鉄道ネットワークを守る緊急提言」（2021年8月）や、28道府県知事「未来につながる鉄道ネットワークを想像する緊急提言」（2022年5月）を受けたもので、国への地方の不満は鬱積していました。また国土交通省では、検討会以外にも今後の方向性を打ち出す会議が、同時進行で行われました。「地域交通リ・デザイン検討会」（総合政策局）では、コロナ禍後を見据え「共創」ややる気重視の支援に改め、地方財政措置も盛り込みました。「鉄道物流のあり方検討会」（鉄道局）では、深刻なドライバー不足や2050年カーボンニュートラル実現を議題としましたが、並行在来線の貨物調整金の方向性は示せませんでした。交通政策審議会ではバリアフリー費用の運賃上乗せや地方路線の値上げなど、鉄道運賃の改変が方向づけられました。しかし有識者検討会や交通政策審議会では、国鉄分割・民営化の総括や問題点の是正、鉄道国有化で形成された全国的在来線ネットワークの方向付けなどはなされず、基幹的鉄道ネットワークの衰退が懸念されます。

モビリティかインフラか

　国鉄末期の特定地方交通線対策では、地元協議会の設置が必須となり、議論年限を区切って段階的に廃止し、バス転換の方が第三セクター鉄道存続の場合よりも転換交付金を優遇、などが実施されました。その際除外規定により廃止を免れた線区はJRに引き継がれました。平成期の規制緩和の結果、鉄道事業法で廃止が届出制となって廃止が相次いだことから、地域公共交通活性化再生法や交通政策基本法が制定され、特に前者で地元での法定協議会が制定され、手を挙げた一部の頑張るローカル線沿線に対して、地元で交通網計画（旧連携計画）を立案すれば廃止せずに鉄道事業を再構築可能としました。しかし鉄道は「上下一体」なのに、バスやタクシーと同列の「公共交通」の一つとされ、「公共インフラ」とはされません。今回の「地域モビリティの刷新」でも、「鉄道事業者と地域の協働」が強調され、国は「下」を持たずに役割も限定的という、従来の流れを踏襲しています。　　　　（武田　泉）

Q1-3　提言はローカル鉄道の利用状況や収支状況をどのように認識していますか？

利用状況について

　提言では、JR全体の利用状況について、「昭和62年の国鉄改革後、新幹線や都市部路線を中心に利用者数を伸ばしてきた。一方、地方部を中心とした路線の一部では利用者数が大幅に減少している。」（提言、8ページ）と述べるとともに、輸送密度が4,000人未満の路線（特定地方交通線を除く）が、営業キロベースで1987年度には36％であったのに対し、2019年度には41％、2020年度にはコロナ禍の影響もあり57％と増加していると指摘し、地方部では鉄道の利用が低迷しているという認識を示します。

　また、利用状況の低迷は、提言での「JR旅客6社における輸送密度ごとの路線の割合」を示した円グラフからも読み取ることができます。そこでは、1987年度と2019年度との比較で、輸送密度が1,000人未満の路線が倍増していることが示されます。1987年度には輸送密度1,000人未満の路線は全体の15％であったのに対し、2019年度は31％となっています。提言では、JRが運営するローカル鉄道では、深刻な利用者数減に直面しているという認識を示しているといえます。

　しかし、JR以外の鉄道事業者が運営するローカル鉄道の利用状況に対する認識は、精確さを欠きます（Q1-5、Q1-6参照）。

　大手私鉄が運営するローカル鉄道は、具体的な数値を示すことなく、地方部の利用状況が、JRと同様厳しい状況にあると述べるにとどまります。ファクトに基づく利用状況の認識にまでは至っていません。

　また、地域鉄道では、輸送人員が1991年度をピークに2002年度頃まで逓減傾向が続いた後下げ止まり、2011年度以降はわずかではあるが増加傾向にあったと記すとともに、ピーク時の1991年度と2019年度の比較では、輸送人員が約22％減少し、さらにコロナ禍の影響で2020年度は対前年度比約38％減であると指摘します。

　ところが、この説明では地域鉄道の利用状況をひとくくりにしてしまっているという問題があります。地域鉄道は、地方中核都市で大都市高速鉄道に準じる輸送を担う路線から、深刻な人口減少に直面する地域を走る路線まで、

その実情は多様です。その点を踏まえていないがゆえに、提言における地域鉄道の利用状況の認識は、表面的なものにとどまっています。

収支状況について

　提言では、収支状況について、鉄道事業者をJR・大手私鉄・地域鉄道の３つに区分し、JRと大手私鉄については事業者全体の収支と鉄道部門の収支、地域鉄道については鉄道部門の収支について、概略を説明しています。また、ローカル鉄道の収支状況については、一部のJRと地域鉄道に限った形で取り上げています。

　もっとも、その説明はコロナ禍におけるローカル鉄道の収支状況の悪化を述べるにとどまります。提言の利用状況の認識には、ローカル鉄道の利用状況が変化するなか、収支状況がどのように変化しているのか、こうした視点からの収支状況が把握されていないという問題があります。

　一部のJRでは、収支状況が詳述されています。その背景には、これまで、区間ごとの収支状況の公表に消極的であったJR各社のうち、JR北海道とJR四国は全路線の収支を、JR東日本、JR西日本、JR九州は輸送密度2,000人未満の区間の収支を公表するようになったことが背景にあるものと思われます。

　公表された収支状況をもとに、提言では、JR各社が収支状況を公表している90区間について、営業費用の共通経費部分の扱いに相違があるものの、2020年度（JR西日本は同年度を含む過去３年平均）が、すべての区間で赤字であると指摘します。そして提言では、JRのローカル鉄道が、大変厳しい収支状況に直面しているという認識を示します。

　一方で地域鉄道の収支は、2019年度は事業者の78％が経常収支赤字、コロナ禍の影響で2020年度は98％が赤字になったと述べ、地域鉄道も収支状況が厳しいという認識を示します。しかし、地域鉄道をひとくくりにしてしまっているため、いささか精確さに欠ける認識になってしまっています。地域鉄道の収支は詳細なデータが公表されていますが、こうしたデータに基づく認識とはいえません。

　また、大手私鉄が運営するローカル鉄道については、提言では、収支状況に全く触れていません。

（下村仁士）

Q1-4　経営が厳しいJR四国とJR北海道は、どのようにして経営を維持しているのですか？

　現状では自立経営の見通しは立たない状況であり、政府による経営支援で経営を維持していますが、抜本的な経営体制の再編が必要です。

経営安定基金運用益の確保が困難に

　国鉄分割・民営化当初、赤字路線が大半を占めるJR北海道、JR四国、JR九州は、営業赤字に陥ることが確実視されたため、国鉄債務に加算するかたちで経営安定基金が設けられました。経営安定基金の金額は、JR北海道6,822億円、JR四国2,082億円、JR九州3,877億円で、3社合計で1兆2,781億円です。

　経営安定基金を7.3%の金利で運用し、JR北海道約498億円、JR四国約152億円、JR九州約283億円の運用益をそれぞれ確保することで、経常損益を均衡できる計算でした。それに加えて、三島会社の経営を安定させるため、「三島特例」「承継特例」などの経営支援が認められました。

経営安定基金運用益からの脱却を目指した非鉄道事業の展開で明暗

　しかし、長引く景気低迷で金利が低下し、経営安定基金運用益は大きく減少しました。そのため、各社は不動産や流通などの非鉄道事業に活路を求めましたが、JR九州と、JR北海道・JR四国で明暗が分かれました。

　JR九州は、沿線を中心に非鉄道事業を積極的に展開することで、鉄道事業の営業赤字を超える営業利益を確保し、2016年10月、株式市場への上場と完全民営化を達成しました。

　一方、JR北海道とJR四国も、営業収益に占める非鉄道事業の割合を高めるべく取り組みを進めましたが、元々過疎地域での営業路線が大半を占めるなど経営環境が厳しく、非鉄道事業の割合を増やしているものの、JR発足後一度も営業利益を計上できていません。

　政府は、JR北海道、JR四国、およびJR貨物の経営を安定させるため、2011年6月に「日本国有鉄道清算事業団の債務等の処理に関する法律等の一部を改正する法律」（平成23年法律第66号）を成立（同年8月施行）させました。

この中で、JR北海道とJR四国に対して、独立行政法人鉄道建設・運輸施設整備支援機構が、償還期間20年、市場金利の動向その他の事情を勘案して国土交通大臣が定める利率（現在は年利率2.5%）の特別債券を発行するとともに、両社が同特別債券を購入するために必要な資金を無利子で貸し付けることになりました（JR北海道2,200億円、JR四国1,400億円）。この無利子貸付は「経営安定基金の積み増し」と位置づけられています。このことにより、JR北海道は55億円、JR四国は35億円の受取利息を毎年度手にしています。さらに、2021年3月成立の同法（令和3年法律第17号。同年4月施行）では、JR北海道へ1,302億円（2023年度まで）、JR四国へ1,025億円の支援をそれぞれ行うこととなりました。

JR北海道とJR四国の抜本的な経営体制の再編で持続的鉄道網の実現を

　JR九州は沿線に、福岡市を中心とする福岡都市圏（人口約260万人）をはじめとして、北九州都市圏（人口約130万人）、および熊本都市圏（人口約120万人）と3つの「100万都市圏」を抱えていることが一定の強みになっていますが、JR北海道およびJR四国の沿線の大半は過疎地域であり、鉄道路線の採算が好転する要因は見当たりません。

　JR北海道にも、人口約230万人を擁する札幌都市圏がありますが、それ以外では人口が極端に少ないエリアが大半を占め、豪雪地帯特有の除雪費用なども相まって鉄道維持費用が経営を圧迫しています。また、JR四国では沿線に「100万都市圏」が1つもないばかりか、全国でも高水準の人口減少に直面して鉄道利用が減少しています。また、急峻な山岳地帯を避けるように線路が敷かれたため、JR発足後に延長を続けてきた高速道路に対する競争力を失っていることもJR利用の低迷に拍車を掛けています。

　以上の状況から、JR北海道とJR四国の経営自立は困難な状況です。両社には抜本的な経営体制の再編が求められますが、上場による完全民営化ではなく、地元財界の出資による上場によらない完全民営化を提唱する意見もあります。持続的な鉄道ネットワーク実現に向けた英知の結集が望まれます。

（大塚良治）

Q1-5　ローカル鉄道はどのような形態の鉄道事業者が運営していますか？　形態の違いによって鉄道の運営に影響しますか？

ローカル鉄道とは

国土交通省は、これまで「新幹線、在来幹線、都市鉄道に該当する路線以外の鉄軌道路線」を「地域鉄道」とし、地域鉄道を運営する中小私鉄と第三セクターを地域鉄道事業者と呼んできました。

地域鉄道の運営主体は、一般的には地域鉄道事業者であると理解されていますが、国土交通省はJRや一部大手私鉄も地域鉄道の運営主体としています。しかし、提言では「地域鉄道」ではなく「ローカル鉄道」という言葉を用いています。そこからはJRと大手私鉄のローカル線区を、見直しの対象にしようとする姿勢が認められます。ここでは、ローカル鉄道を、地域鉄道とJRと大手私鉄のローカル線区とします。

ローカル鉄道を運営する鉄道事業者

(1) JR旅客会社

旧国鉄から引き継いだ路線を運営しています。収支採算性が低く、JR本州三社とJR九州は収益部門による内部補助で、JR北海道とJR四国は経営安定基金の収益で維持されています。路線網は原則として維持されているものの、サービス水準の低下が深刻化しています。

(2)大手私鉄

一部の大手私鉄には、ローカル鉄道があります。収益部門による内部補助で維持されています。2000年の鉄道事業法改正後、大規模な廃止を行った事業者がある一方で、子会社に分社化して鉄道の維持を図る事業者もあり、ローカル鉄道の運営に対する事業者の判断は、個々の事業者ごとに異なります。こうした判断の違いが、利用者に影響を与えています。

(3)中小私鉄

ⓐJR・大手私鉄の子会社・関連会社

JR・大手私鉄が、直営せずに子会社・関連会社が運営するものです。子会社や関連会社に運営させる経緯は様々で、分権的経営の指向、経営困難になった企業の再建、事業エリアの拡大を志向した出資などがあります。ロー

カル鉄道のなかでも、運営の安定性は比較的高いと考えられますが、運営が親会社の意向に左右されやすいのは否めません。

ⓑJR・大手私鉄以外の大企業やその子会社・関連会社

企業全体の規模としては、ⓒの中小企業基本法の中小企業に該当しない事業者です。地域では有力企業（いわゆる大企業）とみなされる事業者も多く、地域に密着した鉄道運営が行われています。一定の需要のある路線を運営する事業者が多く、運営の安定性は比較的高いといえます。JRや大手私鉄よりも、運営のパフォーマンスが優れていることも特徴的です。

ⓒそれ以外の中小企業

中小企業基本法の中小企業に該当する中小私鉄です。地域社会の出資で設立された事業者も多く、中小私鉄のなかでも地域との密着度はきわめて高いといえます。鉄道を維持しようという熱意は高く、極限までの合理化や増収施策が行われている事業者が多く見られます。しかし、こうした取り組みが限界に達している事業者も少なくありません。

ⓓ第三セクター鉄道

第三セクター鉄道は、地方自治体と民間企業や個人の出資による企業形態ですが、こうした第三セクター企業が運営する鉄道です。第三セクター鉄道化への経緯としては、①特定地方交通線・地方鉄道新線転換、②並行在来線分離、③他事業者からの事業継承、④事業構造の変更の四つがあります。

①では、需要規模が小さく民間による経営が困難な路線であることが多く、(3)cのローカル鉄道運営と同様の悩みを抱えています。②では、貨物列車の走行に対応したインフラの維持という問題が喫緊の課題です。③と④は、(2)や(3)bの運営形態からの移行ですが、ローカル鉄道運営の好事例が多く示されています。

ローカル鉄道を運営する各鉄道事業者の分類

ローカル鉄道を運営する鉄道事業者を形態で分類すると、表2-1のとおりとなります。なお、大手私鉄が運営するローカル鉄道は、『鉄道統計年報』（令和元年度）で輸送密度4,000人未満の区間を確認できる事業者としました。

（下村仁士）

表2-1 ローカル鉄道を経営する鉄道事業者一覧表

私鉄		JR旅客会社					
		北海道旅客鉄道	東日本旅客鉄道	東海旅客鉄道	西日本旅客鉄道	四国旅客鉄道	九州旅客鉄道
大手私鉄			東武鉄道、西武鉄道、京成電鉄				
中小私鉄	JR・大手私鉄の子会社・関連会社		小湊鉄道、関東鉄道、伊豆箱根鉄道、箱根登山鉄道、江ノ島電鉄	伊豆急行、豊橋鉄道、養老鉄道、東海交通事業	神戸電鉄、京福電気鉄道、叡山電鉄、阪堺電気軌道		筑豊電気鉄道
	JR・大手私鉄以外の大企業やその子会社・関連会社				黒部峡谷鉄道、水島臨海鉄道、岡山電気軌道、和歌山電鐵		
	それ以外の中小企業		津軽鉄道、弘南鉄道、秩父鉄道、上毛電気鉄道、上信電鉄、銚子電気鉄道、流鉄、長野電鉄、上田電鉄、富士山麓電気鉄道	遠州鉄道、静岡鉄道、岳南電車、大井川鐵道、三岐鉄道	富山地方鉄道、北陸鉄道、福井鉄道、水間鉄道、一畑電車、広島電鉄、紀州鉄道	高松琴平電気鉄道、伊予鉄道	熊本電気鉄道、長崎電気軌道、島原鉄道
第三セクター鉄道	（特定地方交通線・地方鉄道新線転換）		三陸鉄道、秋田内陸縦貫鉄道、由利高原鉄道、山形鉄道、会津鉄道、阿武隈急行、野岩鉄道、わたらせ渓谷鉄道、真岡鉄道、鹿島臨海鉄道、いすみ鉄道、北越急行	天竜浜名湖鉄道、長良川鉄道、樽見鉄道、明知鉄道、伊勢鉄道、愛知環状鉄道	のと鉄道、信楽高原鉄道、北条鉄道、智頭急行、井原鉄道、若桜鉄道、錦川鉄道	土佐くろしお鉄道、阿佐海岸鉄道	甘木鉄道、松浦鉄道、平成筑豊鉄道、南阿蘇鉄道、くま川鉄道
	（並行在来線分離）	道南いさりび鉄道	青い森鉄道、IGRいわて銀河鉄道、しなの鉄道、えちごトキめき鉄道		IRいしかわ鉄道、あいの風とやま鉄道		肥薩おれんじ鉄道
	（他事業者からの事業継承）		ひたちなか海浜鉄道		えちぜん鉄道	とさでん交通	
	（事業構造の変更）			四日市あすなろう鉄道	伊賀鉄道、WILLER TRAINS		

資料：国土交通省資料を参考に筆者作成。2023年1月1日現在

Q1-6 提言はローカル鉄道を見直すと言っていますが、JRローカル線が対象ではないのですか?

　提言では、表題に見られるように「ローカル鉄道」を対象にそのあり方を検討しています。一般的に言えば、ローカル鉄道とは地方鉄道あるいは地方線やローカル線を言い換えたように読めますが、それほど単純ではなく、ローカル鉄道と呼ぶ意味を考える必要があります。

地域鉄道＋JRローカル線＝ローカル鉄道
　国土交通省は、従来、「新幹線、在来幹線、都市鉄道に該当する路線以外の鉄軌道路線」を「地域鉄道」とし、「中小私鉄及び第三セクターを合わせて地域鉄道事業者」と呼んでいました。「地域鉄道」にはJRローカル線や大手私鉄の地方線も含まれているようですが、一般的には中小私鉄や第三セクター鉄道を示すものと理解されています。提言であえてローカル鉄道を強調するのは、従来の地域鉄道だけではなく、JRのローカル線や大手私鉄の地方線も含めて検討の対象にするということです（Q1-5も参照）。さらに言えば、今回の提言の中心に位置づけられるのはJRのローカル線であり、それらの「在り方の検討」＝見直しです。

　国鉄時代には地方線、ローカル線、地方閑散線、不採算路線など様々な用語が使われていましたが、1980年の国鉄再建法・同施行令によって、国鉄では輸送密度を基準として幹線（8,000人／日以上）と地方交通線（8,000人／日未満）とが区分されました（4,000人／日未満を特定地方交通線とし、原則バス転換とされました）。この国鉄再建法等にもとづいて、1980年代に特定地方交通線は一部を除き廃止され、バス転換、民間譲渡、第三セクター化されました。1987年の国鉄分割・民営化の際には、廃止対象路線を除いた輸送密度の低い地方交通線もJR旅客各社に引き継がれました。

　他方、国鉄以外の大手私鉄や地方私鉄の場合、特に中小地方私鉄は1960年代以降のモータリゼーションの進展にともない路線の廃止が急速に増加しましたが、1980年代以降は厳しい経営状況のもとでも多くの路線が維持されてきました。その後、国鉄転換線などの第三セクター鉄道のいくつかは輸送人員の減少と経営好転の兆しが見られないなかで廃止されていますが、1999

年の鉄道事業法の改正による路線を廃止する条件の緩和は、中小私鉄や第三セクター鉄道の路線廃止を再び増加させることになりました。

　国土交通省は、そうした状況のなかで、経営の厳しい中小私鉄や第三セクター鉄道などを地域鉄道と位置づけて支援措置をおこなってきました。しかし、支援措置は抜本的なものではなく、構造的な問題も含めて地域における路線の維持には程遠いものがありました。

JRローカル線も廃止対象に

　提言では、地域公共交通活性化再生法にもとづき地域鉄道の支援を図りながら、従来の仕組みでは検討対象とされていないJR旅客会社のローカル線を含めた枠組みを改めて提起しているといえましょう。

　すでに述べたように、JR旅客各社は国鉄の幹線・地方交通線を引き継いで運営しており、その後に一部の路線を廃止し、整備新幹線建設にともない並行在来線を経営分離しているとはいえ、鉄道路線は、運転本数などのサービス水準の問題は別にしても、原則維持されてきました。

　提言では、従来の支援対象であった地域鉄道にとどまらず、JRローカル線も含めて検討する必要からローカル鉄道と位置づけているわけです。そこでは従来の地域鉄道にも触れていますが、主要な対象はJRローカル線であり、そのあり方を問うかたちで路線の見直しを提起しています。提言では様々な事例を紹介しながら鉄道の維持・存続の方法も示していますが、同時に鉄道以外の方策も示唆しており、JRローカル線の見直し＝廃線の模索が中心的なテーマと言わざるをえません。

　これまでもJRのローカル線の見直しは個別的になされてきています。輸送人員・輸送密度から生ずる営業収支の観点や、最近では経年劣化による維持管理あるいは自然災害による鉄道施設復旧の観点から、JR旅客各社は路線廃止の意向を提起してきました。今回の提言は、そうしたJR旅客各社の意向を踏まえて国土交通省がJRローカル線にまで踏み込んで路線の見直しを進めようとしているのです。

　従来とは異なるローカル鉄道という呼び方のなかに提言の真の意図を読み取ることが重要なのです。　　　　　　　　　　　　　　　　　（安藤　陽）

Q1-7　国鉄分割・民営化のときにJRのローカル線問題は解決 したのではないのですか？

　先に結論から説明しますと、全く解決していません。むしろ、JRのロー カル線問題は一層深刻化しているのが現状です。この問題を理解するために は、旧国鉄時代の経緯から話を始める必要があります。

国鉄時代に赤字路線整理案が提起されるも事実上棚上げに

　1968年に日本国有鉄道諮問委員会が公表した意見書『ローカル線の輸送を いかにするか』では、83線区2,590.6km（いわゆる「赤字83線」）について、バ ス輸送が有利と位置付けられました。この意見書を受けて、路線廃止が一部 で進められましたが、廃止されたのはごく一部に留まり、本格的な整理は 「日本国有鉄道経営再建促進特別措置法」（以下「国鉄再建法」）の施行時まで 事実上棚上げとなりました。

地方交通線の指定と特定地方交通線の国鉄からの経営分離

　国鉄経営の危機的状況は改善の兆しが一向に見えず、危機に対処するため、 国鉄再建法が1980年12月27日に公布、施行されました。具体的には、以下 の基準に該当する路線を幹線とし、それ以外を地方交通線に分類しました （国鉄再建法第8条、国鉄再建法施行令第1条、2条）。

1. 1980年3月末現在で人口10万人以上の都市（＝主要都市）を相互に連絡し、 旅客営業キロが30kmを超え、すべての隣接駅間の旅客輸送密度（＝1977 年〜79年度3年間平均の1日1kmあたりの輸送人員）が4,000人以上である区 間を有する線。

2. 1.の条件に当てはまる営業線と主要都市とを相互に連絡し、旅客営業キ ロが30kmを超え、すべての隣接駅間の旅客輸送密度が4,000人以上であ る区間を有する線。

3. 旅客輸送密度が8,000人以上である線。

4. 貨物輸送密度（1977年〜79年度3年間平均の1日1kmあたりの輸送貨物トン数） が4,000t以上である線。

1981年3月に発令された国鉄再建法施行令に基づき、同月出された運輸省告示で、1977〜1979年度の平均の輸送人員等によって国鉄路線を「幹線」「地方交通線」に分類し、さらに地方交通線のうち旅客輸送密度が4,000人／日未満である路線はバスによる輸送を行うことが適当であるとして「特定地方交通線」に指定し、廃止対象としました。その結果、83線3,157.2kmの各路線が、第1次特定地方交通線・第2次特定地方交通線・第3次特定地方交通線にそれぞれ指定され、バスまた第三セクター鉄道への転換が行われました。

除外規定路線の存続と赤字ローカル線問題の深刻化

　ただし、以下の除外規定が設けられ、除外規定に該当した路線は廃止対象から外されました（国鉄再建法施行令第3条）。

1. ピーク時の乗客が一方向1時間あたり1,000人以上
2. 代替輸送道路が未整備
3. 代替輸送道路の積雪で不通日数年10日超
4. 平均乗車キロが30kmを超え、輸送密度が1,000人／日以上

　この除外規定により、51路線約4,450kmがJRに引き継がれました。

　除外規定により、JRに継承された路線の赤字は、その後JRにおいて大きな経営上の課題となりました。また、除外規定以外のその他の路線についても、人口減少、モータリゼーションの進展、高速道路の延伸、および競合交通機関の発達などにより、利用を大きく減らした路線が少なくありません。

　採算性による存廃判断が続けられる限り、赤字ローカル線問題は、今後さらに深刻の度合いを増し、各社で路線整理が加速することが懸念されます。

（大塚良治）

Q1-8　JRのローカル線問題を考える場合、国鉄分割・民営化の評価は避けて通れない課題なのではないですか？

　ローカル線問題を考える上で重要なものに国鉄分割・民営化があり、その評価は避けて通れません。しかし提言はそれには一行も触れていません。国策に対して批判的検討ができないことは、政府みずから設置した検討会がもつ致命的欠陥です。本書出版の大きな目的はここにあります。

40年前の約束は守られたか

　国鉄分割・民営化が検討されていた1986年5月、自民党は新聞各紙に大々的に意見広告（図2-1）を出しました。『国鉄があなたの鉄道になります』と題した意見広告では、分割・民営化によって「ローカル線が切り捨てられる」「サービスが低下する」と心配する国民の疑問に対する自民党の回答はこのようになっていました。「①会社間をまたがっても乗りかえもなく、不便になりません。運賃も高くなりません。②ブルートレインなど長距離列車もなくなりません。③ローカル線（特定地方交通線以外）もなくなりません。」

　約40年後の今日、どうなっているでしょうか。

　①については、JR発足当初はJR会社間をまたいで走る普通列車も多く残りましたが、現在ではほとんどありません。JR東日本・東海の境界駅の熱海

図2-1　自民党の意見広告

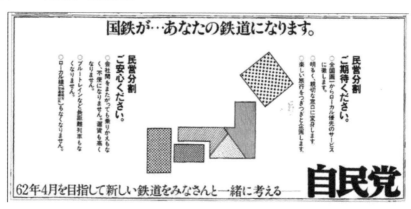

出所：『北海道新聞』1986年5月22日付

や、東海・西日本の境界駅である米原では、離れたホームで短時間に乗り換えを行わなければならないことから、一部利用客の間で「熱海ダッシュ」、「米原ダッシュ」といわれています。運賃に関しては、1996年にJR北海道、四国、九州の３社で値上げが行われた結果、国鉄時代の全国一律運賃ではなくなりました。JR北海道に限って言えば、2019年10月に２回目の運賃値上げを行っています（消費税転嫁、税率改定を除く）。

②については、国鉄時代から運行されていたブルートレイン（夜行寝台特急列車）はすべて廃止されました。現存する唯一の夜行寝台特急「サンライズ出雲・瀬戸」は国鉄時代の寝台特急をベースにJRがリニューアルしましたが、特に「出雲」は経由線区を大きく変えており「出雲」の後継とはいえません。

③については、ローカル線

図 2-2　「ペテン師たちの国鉄つぶし」が描いた北海道の路線図

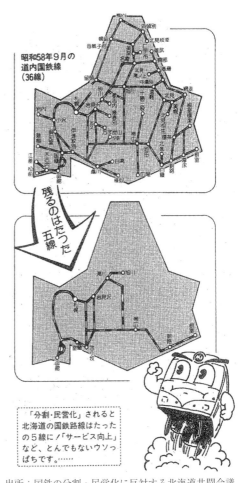

出所：国鉄の分割・民営化に反対する北海道共闘会議「ペテン師たちの国鉄つぶし」、1986年9月

は、1994年、特定地方交通線以外で初めて函館本線支線・砂川〜上砂川間が廃止となって以降、多くの路線が廃止になっています。

1986年、「国鉄の分割・民営化に反対する北海道共闘会議」が作成したパンフレット「ペテン師たちの国鉄つぶし　分割・民営化のウソ・ホント」（図

2-2)は、分割・民営化後、北海道に残る鉄道が5路線だけになる未来図を描き大きな反響を呼びました。40年後の今日、この図が描いたとおりの事態になろうとしています。

　コロナ禍前、2016年3月期のJR各社の財務状況を見ると、北海道483億円、四国109億円、九州115億円、貨物34億円の営業損失であり、4社合計で741億円の営業損失です。これに対して、本州3社で最も経営基盤が弱いとされる西日本でも1,242億円の営業利益を計上しています（『鉄道統計年報』平成27年度）。赤字4社の救済に西日本1社で足りるほど、JR7社の格差は極限まで拡大してしまったのです。

政府・自民党内からも失敗指摘や改革求める声

　こうした事態に対しては、さすがに政府・自民党も国鉄分割・民営化の誤りを認めざるを得なくなっています。

　安倍政権当時、2017年2月8日の衆院予算委員会で、国鉄改革の評価を問われた麻生太郎副総理兼財務相（当時）は「国鉄という商売のわかっていない方で、やはり学校秀才が考えるとこういうことになるんだという典型」「貨物も入れて七分割して、これが黒字になるか。なるのは三つで、ほかのところはならないと当時からみんな言っていた」と述べました。

　2018年9月には、国土交通省の官僚トップである森昌文事務次官（当時）が雑誌の取材に答える形で次のように述べています。「公共交通はプライベートではなくてパブリック」「世界的に見れば、公共交通は国あるいは自治体がサポートして生き残らせていくものというのが当たり前」、「イギリスでは鉄道の民営化を進めたけれど結局ダメで、また国営に戻した。個人的にはもう少し行ったり来たりできる政策の柔軟性があってもいい」（文春オンライン〔2018〕）。

　国鉄改革を推進してきた側にも、すでにその失敗を認識している人びとは少なくありません。とりわけ大きな格差を生んだ地域分割については、鉄道として持続可能な運営形態への見直しが急務です。　　　　　　　　　　　（地脇聖孝）

Q1-9　JR旅客各社にローカル線維持の義務を課した法令等はないのですか？

完全民営化で出された大臣指針

　政府は、2001年11月、「新会社がその事業を営むに際し当分の間配慮すべき事項に関する指針」（平成13年11月7日国土交通省告示第1622号）を定めました。

　この指針は、JRグループのうち本州3社（東日本・東海・西日本）が完全民営化されるに当たり、民間企業の論理だけが前面に出て、効率、採算性一辺倒の経営となることを防止する観点から、改正JR会社法附則第2条に規定されたもので、完全民営化後もJR本州3社が守るべき基本事項を取り決めました。

　2001年12月1日から適用されており、その後、遅れて完全民営化したJR九州もこの指針の対象となっています（以下、ここではJR本州3社＋九州をJR4社と呼びます）。

　指針では、まず「趣旨」として「（JR4社が）営む鉄道事業に係る利用者の利便の確保及び適切な利用条件の維持並びにその事業を営む地域の経済及び社会の健全な発展の基盤の確保を図る」ことが必要であるとしています。この趣旨に沿って、JR4社が「配慮すべき事項」として、次の2つを掲げています。

- 国鉄改革の実施後の輸送需要の動向その他の新たな事情の変化を踏まえて現に営業する路線の適切な維持に努める。（下線部分：引用者）
- 現に営業している路線の全部又は一部を廃止しようとするときは、国鉄改革の実施後の輸送需要の動向その他の新たな事情の変化を関係地方公共団体及び利害関係人に対して十分に説明する。（同）

　一見すると、ローカル線維持のための努力義務を課しているような表現ですが、下線部で強調したとおり、①「国鉄改革の実施後の輸送需要の動向その他の新たな事情の変化」があれば「適切な維持」の努力義務を免除できる、②沿線地域、利用者が同意しなくても「十分な説明」さえ尽くせば「適切な維持」の努力を放棄できる——とも読める内容になっています。提言が示したローカル線切り捨てへのレールは、このときすでに敷かれていたといえます。

指針「対象外」の2社をどう捉えるべきか

　JR北海道・四国にはこの指針は適用されませんが、両社は国が100％出資している独立行政法人鉄道建設・運輸施設整備支援機構が全株式を保有しており、実質的な国有会社です。JR4社と異なり、経営破綻の心配がないのですから、この指針が適用されているJR4社以上に公共性を重視した経営であるべきことは当然です。

　しかし、JR北海道は、いわゆる「5線区」（図2-3参照）の協議において、沿線自治体の首長に非公開の場で廃線の方針を伝えただけで廃線を強行しました。沿線の住民は最大の利用者でありながら協議への参加どころか傍聴さえ許されず、廃線が決まった後の政府主催の説明会で、あらかじめ応募した公述人が「転換バスの利便性」について意見表明の機会を与えられただけにとどまりました。「十分に説明」の実態はこのようなものでした。

　民間企業によって運営されているとはいえ、鉄道は公益事業であり、公共性に最大限配慮した運営が行われるべきであることは当然です。しかし、JRグループが行う鉄道事業に関して、「指針」はこのような公益事業としての重要な「精神」を、「趣旨」に控えめに表現しているに過ぎません。

　公益事業である以上、鉄道事業からの安易な撤退を許さないため、強制力のない指針ではなく、強制力を持つ法律の形で撤退の規制を復活させることが必要です。さしあたり、鉄道事業の休廃止を許可制から届出制に変更した1999年の鉄道事業法「改正」を見直し、休廃止を許可制に戻すことは急務であると考えます。

　また、鉄道事業の許可を申請しようとする事業者に、事業収支見積書の提出を義務づける鉄道事業法第4条の規定は、事実上の「黒字にならない限り鉄道事業の運営は許さない」との宣言であり、日本における新自由主義的鉄道政策の象徴です。これらは、社会的共通資本として鉄道の維持を求める住民との間に鋭い緊張関係を生む元凶となっています。今後、鉄道を社会的共通資本として運営していく方向を目指すならば、真っ先に見直しが行われるべきものといえます。

（地脇聖孝）

図 2-3　JR北海道の「5線区」

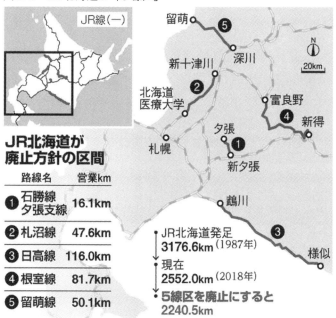

路線名	営業km
❶ 石勝線 夕張支線	16.1km
❷ 札沼線	47.6km
❸ 日高線	116.0km
❹ 根室線	81.7km
❺ 留萌線	50.1km

JR北海道発足
3176.6km (1987年)
↓
現在
2552.0km (2018年)
↓
5線区を廃止にすると
2240.5km

出所）『朝日新聞』2018年7月22日付

Q1-10　なぜいま内部補助のあり方が強調されるのですか？

　提言では、JRの本州3社などは、従来、高い収益の路線で損失を出している路線を補填しながら経営をおこなってきましたが、経常収支の悪化のなかで赤字路線への補填が困難になっているとし、黒字路線で赤字路線を補填する内部補助のあり方の見直しを指摘しています。その上で赤字路線への補填ではなく、地方自治体の助成措置、路線自体の引き受け、バス転換を検討すべきであると示唆しています。この提言の指摘は納得できるでしょうか。

国鉄改革の理由のひとつとしての内部補助

　内部補助の問題は、国鉄改革の議論の過程で、分割・民営化の理由のひとつとしてあげられていました。国鉄は全国鉄道ネットワークのもとで経営されていましたが、経営悪化による度重なる運賃値上げが収益性の高い新幹線の利用者や大都市圏の通勤・通学利用者の負担で赤字ローカル線を補填するものとみなされて、収益は大都市圏等のサービス改善に充てられるべきであり、分割・民営化で地域密着のサービスを図るべきとされたのです。

　しかし、分割・民営化されて全国規模での内部補助はなくなりましたが、各地域レベルでの内部補助は残っています。JR東日本でも首都圏の路線と関東・東北などのローカル線との内部補助の関係は、規模が縮小されたとはいえ残っています。JR西日本でも近畿圏の大都市路線と中国地方や近畿圏のローカル線との関係も同様です。JR東海の場合には、収益性が極めて高い東海道新幹線と幹線を含む在来線との関係についてもいえます。国鉄分割・民営化後の旅客各社は経営管理の範囲・規模を分割縮小させつつ、内部補助を前提にしてローカル線の維持が求められたといえましょう。

民営的手法と内部補助

　ところで、大手私鉄の場合、一部で地方路線を抱えており廃線も提起・実施されていますが、収益性の高い観光路線や通勤・通学路線を運営しており、混雑緩和やバリアフリーへの設備投資など費用が増加する傾向があるにしても、経営全体のなかで収益を追求しています。大手私鉄は鉄道事業と関連事業を相互に関連付けながら、鉄道事業が関連事業の収益性を高め、関連事業

の展開が鉄道事業の収益性を高めるかたちで経営されてきたのです。

　提言では、JR旅客各社だけではなく大手私鉄においても内部補助の問題が生じていることを示唆していますが、大手私鉄がもし路線廃止を提起するならば、関連事業の収益性の高さとの関係を指摘されることになり、路線廃止を利用者・沿線住民に理解してもらうには困難をともなうでしょう。

　JR各社も分割・民営化以降この私鉄経営モデルを参考に関連事業を展開しており、経営全体に占める関連事業の比率を増加させています。JR旅客各社がその経営計画で鉄道事業を中核としながらも関連事業の拡大を図り、収益性を高めようとしていることからすれば、JR旅客各社の場合でも直接的な内部補助ではないにしても関連事業の経営収支との関連を指摘せざるを得ないのであって、収益を期待できない、「損失」が恒常化している路線に対する内部補助のあり方を見直すといっても説得的ではありません。

内部補助見直し論の真意

　このように考えれば、内部補助のあり方を見直すということの真意は、赤字路線の廃止あるいは沿線自治体への負担の転嫁、バス転換への誘導を意図したものであり、とうてい首肯できるものではありません。

　内部補助の問題を論理的に突き詰めていけば、同じ路線のうちでも利用者数に違いがあり、線区間での内部補助の関係も生じてきます。どこかで調和を図らざるをえないとすれば、それは収益の高い路線と収益が期待できない路線で区切るのではなく、経営全体のなかで調和を図らざるをえません。そうでなければ、収益の期待できない路線は切り捨てられて、収益性の高い路線だけを経営するということになりかねません。公益的性格をもつ鉄道事業であるならば、JR旅客各社も経営全体のなかに鉄道路線を位置づけて、内部補助を前提にした経営をおこなうことは当然のことです。

　もしどうしても内部補助の圧縮を求める必要があるならば、通学定期割引あるいは障がい者割引などについて、教育的あるいは社会保障的な観点から国に公的な負担・助成を求める制度的な設計をおこなうべきでしょう。

（安藤　陽）

Q2-1　大量輸送だけが鉄道の役割なのですか？　大量の輸送需要がない
　　　　線区は廃止しかないのですか？

Q2-2　鉄道やバスのような公共交通機関よりは、マイカーのための道路
　　　　整備を優先したほうがよいのですか？

Q2-3　国鉄再建法でバスに転換され、あるいは第三セクター化された路
　　　　線では、利用者の利便性は維持されましたか？

Q2-4　バスに転換したほうが利便性は良くなるのですか？

Q2-5　BRT方式への転換はどのように評価すべきですか？

Q2-6　JR旅客各社のローカル線改善策は利便性を向上させていますか？

Q2-7　鉄道の利便性を高めれば利用者を増やせるのではないですか？

Q2-8　「コンパクトでしなやかな地域公共交通」が利便性を高めるのです
　　　　か？

Q2-9　利用客が少ないローカル線では、経費節減のため大都市部より安
　　　　全基準・技術基準を緩和してもよいのですか？

Q2-10　鉄道の線区評価はローカル線の見直し基準になりますか？

Q2-11　鉄道が地域にもたらす経済効果とその測定方法にはどのようなも
　　　　のがありますか？

Q2-12　なぜ輸送密度1,000人／日未満の線区が検討対象なのですか？

Q2-13　JRは輸送密度2,000人／日未満の路線の線区別収支をなぜ公表した
　　　　のですか？

Q2-14　JR旅客会社のなかで、なぜJR東海だけが輸送密度2,000人／日未
　　　　満の線区の収支を発表しないのですか？

Q2-15　提言は特急列車や貨物列車が通過する路線は維持されるとしてい
　　　　ますが、将来的にもそれは保障されるのですか？

Q2-1 大量輸送だけが鉄道の役割なのですか？　大量の輸送需要がない線区は廃止しかないのですか？

鉄道の真価が発揮される「有事」

　提言は、「大量輸送機関としての鉄道の特性が十分に発揮できない」線区について、再構築協議会を設置し協議に入ることを求めています。鉄道には大量輸送以外に果たすべき役割はないのでしょうか。

　最初に指摘しておかなければならないのは、鉄道は、悪路でも徐行しながらハンドル操作で乗り越えられる自動車とは違うということです。線路の上しか走れない鉄道は、線路がたとえ1mでも途切れていれば、その先に列車は進めません。現在、日本最長の貨物列車は札幌から福岡まで2泊3日の行程で走っていますが、途中、どこかで線路が1mでも途切れればこのような輸送は不可能になってしまいます。鉄道路線はできるだけ多く他の路線とつながってこそネットワークとしての価値をもちます。

　とりわけ、鉄道がネットワークとして真価を発揮するのは災害などの有事です。1995年1月17日に発生した阪神・淡路大震災では、東海道・山陽本線が巨大地震の直撃を受け不通となり、比較的被害の少なかった加古川線、播但線を使った迂回輸送が行われました（図2-4参照）。迂回輸送は、山陽本線が復旧する1995年4月1日まで約2カ月半も続きました。

　2022年4月、JR西日本が公表した輸送密度は、加古川線で最も低い西脇市〜谷川間が207人、播但線も最も低い和田山〜寺前間で924人です（JR西日本〔2022〕）。

　2011年3月11日に起きた東日本大震災でも、東北本線、常磐線をはじめ、首都圏と東北を結ぶ太平洋側の路線はほぼすべて不通になりました。東北地方の3月はまだ真冬であり、横浜市の根岸製油所から東北各地へ、暖房用の石油の輸送ルートを早期に確立しなければ、東北地方で凍死者が出かねない状況でした。石油輸送列車が、横浜からいったん上越線経由で新潟に出て、いち早く復旧した磐越西線を通り、郡山駅（福島県）から東北本線に戻るルートで石油輸送が行われました（図2-5参照）。

　2022年にJR東日本が公表した磐越西線の輸送密度は、最も少ない喜多方〜野沢間で534人です（小林〔2022〕）。

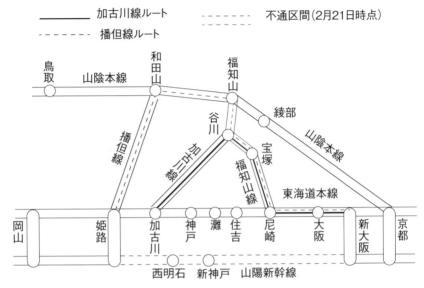

図 2-4　阪神淡路大震災時の迂回ルート

出所：「鉄道の迂回ルート図（旅客）」『運輸白書　平成7年度』所収

　これらの区間の輸送密度はいずれも1,000人／日を下回っており、今回の提言にしたがえば存廃協議の対象になります。しかし、同じような災害はいつどこで再び発生するかわかりません。このような区間を安易に廃止に持ち込むことは厳に慎むべきであることはいうまでもないでしょう。

失ってみてわかる鉄道の価値

　思わぬ形で地方鉄道の効用が明らかになった事例は他にもあります。2000年〜2001年にかけ、正面衝突事故を立て続けに2度起こした京福電鉄越前線（福井県）は、運輸省から列車運行停止命令を受けました。事故からの復旧が困難と判断した京福電鉄は鉄道廃止を提案しましたが、沿線では激しい渋滞でバスは無ダイヤ状態になり、電車からやむを得ず自家用車通勤に切り替えた人のなかには、定時に職場に着けない人が続出するなど混乱を引き起こしました。廃止反対の声が高まった結果、地元出資の第三セクター「えちぜん鉄道」に衣替えして再出発することが決まったのです。

　えちぜん鉄道の輸送密度はコロナ前、2019年度実績で1,821人（タビリス

〔2022〕）。これは、JR北海道が北海道新幹線開業に伴い廃止を提案している函館本線（長万部〜小樽間）のうち小樽〜余市間より少ない数字です。このような区間で一方的に廃止を提案すれば沿線で混乱が起きることは必至であり、JR北海道に鉄道運営を担う資質があるかどうか問われるのは当然でしょう。

観光などにも活路

　観光輸送は、通勤通学輸送と異なり繁閑の差が大きいことに特徴があります。需要が平準化できればいいのですが、桜や紅葉が公共交通機関の都合を考慮してくれるはずもなく、日本がこれから観光立国を目指すのであれば、波動輸送への対応は大きな課題です。

図2-5　東日本大震災時の迂回ルート

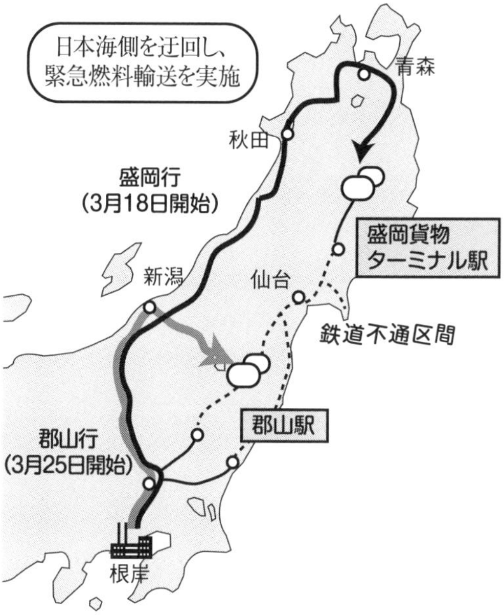

出所：東北の鉄道震災復興誌編集委員会編『よみがえれ！みちのくの鉄道〜東日本大震災からの復興の軌跡〜』199ページ（カラーをモノクロに変更）

　地方でも、大きなイベントの開催や珍しい自然現象が発生する時期などに、数百人〜数千人程度の臨時の輸送需要が発生することがあります。しかし、バスは1台当たり50人程度の輸送力しかないので、これらの輸送需要にバスだけで対応することは不可能です。鉄道の安易なバス転換は、地域にとって貴重な輸送需要を取りこぼし、経済的にも機会損失を生みます。その先に待つのは「地域経済の死」です。

（地脇聖孝）

Q2-2 鉄道やバスのような公共交通機関よりは、マイカーのための道路整備を優先したほうがよいのですか？

提言におけるマイカー

提言は「高速道路をはじめとした道路網の充実と高速バス路線の増加、モータリゼーションを前提としたライフスタイルや都市構造への変化を伴うマイカーへの転移等により、人口減少の速度を上回るペースで利用者が大幅に減少し、大変厳しい状況に直面している」と述べ、マイカーやモータリゼーションに伴うライフスタイルの変化が、ローカル鉄道の利用者数の減少の要因と捉えられていますが、マイカー、モータリゼーションを抑制することは提言されていません。もちろん、積極的に道路整備の促進を主張しているわけでもありません。しかし、そのことは、現実に行われている道路整備を黙認しているといえますので、こうした問いをたてました。

マイカー普及の要因として：不便な公共交通と道路整備

マイカーそのものは、どこへでも、いつでも行ける、まさにドア・ツウ・ドア（door to door）の優れた乗り物です。

自家用乗用車の世帯あたり普及台数を1988年度末と2019年度末をみると、全国平均は0.75台から1.04台で、上位5県では1988年度末の段階で1.13～1.01台（群馬、栃木、岐阜、茨城、山梨）であったのですが、2019年度末には1.73～1.59台（福井、富山、山形、群馬、栃木）となっています（運輸省地域交通局編〔1990〕13ページ、自動車検査登録協会〔2020〕）。地方でマイカー普及率が高くなっており、マイカーは生活に不可欠の存在になっています。

しかしながら、マイカー利用の拡大は、「自然現象」ではありません。一方では公共交通の不便さと、他方では道路整備の進展との双方の結果です。しかも、原因と結果が循環構造になっています。

公共交通が不便だからマイカーを利用する、マイカーの利用の拡大が公共交通の利用者を減少させ、便数の低下、ないしは廃止という公共交通を不便にするという循環です。もう一つの循環構造は、道路整備がマイカー利用を拡大させ、マイカーの増大が道路整備を進展するということです。各地で作られた郊外型ショッピングセンターは、地域の地元商店街をシャッター街に

したことはよく知られていますが（広井〔2019〕115〜120ページ）、それを支えたのが道路整備です。

マイカー拡大の弊害（1）：自動車の社会的費用

この循環構造によるマイカー利用の拡大はいくつかの重要な弊害を引き起こしています。ひとつは、交通事故や騒音・環境問題などのいわゆる「自動車の社会的費用」です。交通事故は、少なくなったとはいえ、2022年度の当事者別交通事故件数（第1当事者）は30万839件（うち自家用乗用車は67.8%）、同死亡事故件数（第1当事者）は2,550件（うち自家用乗用車は48.9%）でした（交通事故総合分析センター〔2023〕）。騒音や二酸化炭素排出などの問題もあります。

マイカー拡大の弊害（2）：交通貧困層

もうひとつの弊害は、交通貧困層ないしは移動困難者を生み出すことです。マイカーを利用できない人、マイカーを持てない人がいます。マイカーを利用できないいわゆる移動困難者ないしは移動貧困者と呼ばれる人々がいると言うことです。青木真美氏によれば日本の総人口1億2,700万人のうち、運転免許非保有者は4,392万人（約35%）です。その内訳は、18歳未満の層（約1,800万人）、欠格事項で運転免許を保有できない層（障害者手帳の保有者785万人を含む約1,500万人）、75歳以上の非保有者（75歳以上の人口1,700万人×非保有率70%=1,200万人）です。このほかに経済的に自動車を保有できない層があります（青木〔2018〕、303ページ）。とくに、近年高齢者の自動車運転事故が増加してきていることも、マイカー依存への警鐘になっています（楠田〔2020〕5〜12ページ）。

公共交通拡大・整備とマイカーの「抑制」

それでは、マイカーの拡大を抑制するにはどうすればよいのでしょうか。上述の二つの循環構造を断ち切ることです。公共交通の不便さを取り除き、便利な公共交通を構築することが求められています。そのためにも、公共交通整備に資金を投入することが必要なのです。もちろん、現実的にはグリーンモビリティのような小交通と鉄道やバスを連携させることが重要です。

（桜井　徹）

Q2-3 国鉄再建法でバスに転換され、あるいは第三セクター化 された路線では、利用者の利便性は維持されましたか？

　提言では、JRローカル線の見直しにおける先行事例として、第三セクター化や、BRT・バスへの転換をあげて、サービスや利便性が改善されることを示唆しています。第三セクター化やBRT化・バス転換で利用者のサービスや利便性は維持・改善されるでしょうか。1980年の国鉄再建法等によって実施された特定地方交通線の廃止にともなうバス転換、民間譲渡、第三セクター化の結果を改めて振り返ってみましょう。

第三セクター化されて鉄道が存続したが

　国鉄再建法等で廃止対象になった特定地方交通線83線（3,157.2㎞）は、結果的には38線（1,310.7㎞）が第三セクターや民間譲渡（下北交通大畑線と弘南鉄道黒石線の2線）で鉄道として存続し、45線（1,846.5㎞）がバス輸送に転換されました（提言、11ページ）。

　政府はバス転換をめざしましたが、沿線自治体が中心となって第三セクターとして鉄道路線を引き継ぎ、駅の増設、運行本数の増加、新しい車両の導入、イベント列車の運行などサービスや利便性は若干向上しましたが、運賃の値上げもおこなわれています。一時的な政府の転換交付金や一部の損失補填はありましたが、沿線自治体の財政支援を受けながらも、輸送人員の減少傾向のなかでほとんどの第三セクター鉄道（国鉄転換線・新線）は赤字経営を強いられています。民間譲渡の2線を含む7路線（302.9㎞）が廃止され（提言、12ページ）、鉄道輸送サービスは打ち切られています。

バス転換された路線のその後

　北海道の23路線を対象にした調査報告書によれば（ここでは深名線と池北線を除外した21路線に注目して述べます）、2005年〜2007年の時点で、バス転換で輸送人員が微増したのは4路線、微減（80％まで）は2路線、半減が6路線、激減（40％以下）が9路線となっています。運行回数は、当初は微増する事例が多くみられますが、5年〜10年で運行回数は減少する傾向にあります。ただし、輸送人員が減少しているにもかかわらず、運行回数はある程度の水準

を維持しています。鉄道からバスへの転換で利用者は減少していますが、運行回数はなるべく減らさない、減らせない事情がみてとれます（北海道二十一世紀総合研究所〔2009〕）。

　調査報告書では、鉄道代替バスへの転換について、一般的なメリットとして、需要発生地までの路線延伸が自由にできる（路線の弾力性）、停留所を鉄道よりも弾力的に設置できる、弾力的な運行が可能（運行回数、運行時間）である、といった点をあげています。他方、鉄道と比較したバス輸送のデメリットとして、道路混雑、気象条件による定時性の維持、1台あたりの乗員キャパシティが限定、環境負荷、道路状況で時間短縮ができても、時間調整という形で主要停留所にて待機が必要、また、停留所を多くしたり、集落をきめ細かく回ること等により、長距離の場合には所要時間が長くなる、といった点をあげています（同〔2009〕）。

　また、鉄道代替バスにおける運行本数、運賃、所要時間を分析してサービス水準が向上した事例に着目している研究でも、多くのバス転換路線ではサービス水準が低下する傾向にあるとしています（長谷川・中村他〔2012〕）。

鉄道を残してサービスと利便性を改善する

　提言では、BRTやバスに転換することで、公共交通としての利便性や持続可能性が向上する例があると述べていますが（提言、24ページ）、これまでのバス転換の事例をみれば、鉄道のバスへの転換は輸送人員の減少とサービス、利便性の低下をもたらすことは明らかです。輸送人員の減少は鉄道路線の廃止によるところが大きいといえますし、輸送人員の減少がバス路線の再編・縮小・廃止といったサービスの低下をもたらしています。

　国の責任において鉄道を残すことを前提に、利用者・沿線住民、地方自治体、交通事業者が知恵を出し合ってサービスや利便性の改善を図ることが求められています。　　　　　　　　　　　　　　　　　　　　　　　　（安藤　陽）

Q2-4 バスに転換したほうが利便性は良くなるのですか?

転換バスの特徴

近年、沿線自治体がローカル鉄道をいわば「厄介者扱い」し、バス転換に傾く事例が全国的に続発しています。国土交通省自体がそれを後押しした施策を打ち出しているといえます。

バスに転換した場合、レール上しか走れない鉄道とは異なり、バスは病院・学校・施設・ショッピングセンター等の目的地へ直行でき、柔軟に路線を設定できるメリットがあります。他方でその柔軟さは、裏返せば「変更や廃止が容易にできる」ことも、意味します。

また、バスでは金銭的負担額は運行費用だけとなり、通路施設の道路への負担は道路管理者が別途行うため、不要となります。さらに行政側にとっては、予算規模や技術的専門知識の面からも、鉄道に比べて一般の事務職員が対処しやすい課題です。結局、予算をどの程度出すかに収束できる点が自治体側から好まれる要因です。

ブツ切り運行

転換バスは、自治体ごとに「ブツ切り」で運行されることが通例です。つまり税金を支出する以上、自分の区域内だけ効果的に運行されればよく、町境を超えた広域の運行には消極的なため、鉄道が有していた「広域性」や「ネットワーク性」が大きく損なわれます。

具体的には、「ブツ切り」運行のため生じる「乗り継ぎ」はあまり考慮されず、特に異なる事業者に分けられた場合、ダイヤや運賃の調整が困難です。一般道路の走行のため、遅れを見込んだダイヤ設定となり、乗り継ぐ場合の「接続」については、相応の余裕を見込む必要が出てきます。鉄道の接続駅であっても、バス乗り場が駅前広場やホームのすぐ横に設置されるケースは少数で、駅構内にバス時刻表が見当たらないのが通例です。列車が遅れても、バスが接続待ちをしてくれる保証はありません。

また、鉄道駅から離れた主要施設やバスターミナル等の目的地も経由すべく、国道等の幹線道路からいちいち立ち寄るので、時間が膨らみます。そもそも多様なニーズにいちいち対処すれば、スムーズな移動からは程遠くなり

ます。あるいは、幹線道路を直行する便を設定すれば、便によって経由地が異なり、運行ルートが複雑になります。

　さらには、そもそもバス運賃の賃率が割高で、定期券割引も小幅です。乗り継いだ場合、バス運賃が通算も割引もされずに、事業者の路線ごとに併算されるのが通例です。このため、広域の輸送が非常に難しくなり、同時にカードや割引、乗降の方法も異なる場合が出て、利用者にとって紛らわしく、利用をためらうケースも少なくありません。そしてバスでは、急ブレーキに備えてバス走行中に席を移動できず、混雑時も含め快適性はかなり劣ります。またトイレがないのが通例で、バリアフリーを考慮した低床車両を導入すると、車両導入費用がかさむだけではなく乗車定員が減り、リクライニングなどの快適性の確保も困難です。

逸走と衰退

　この結果、鉄道時代は広域での利用がなされていたものが、転換バスでは一つないし二つの地方自治体を跨ぐ範囲の利用に限られ、町域内でのごく狭い範囲での利用に限定されます。このため、沿線の限られた利用者である「基礎票」は、「沿線の人口減少の結果、利用者が特定少数に限られます」。魅力に欠け使い道がなければ、「沿線」外からの「新たな」利用者は獲得できません。さらには、バスダイヤ・運行形態の改変が容易なため、転換当初は維持された本数が、数年のうちに利用が少ないとして、次第に休日便や早朝深夜便から、町境の区間から、どんどんダイヤが減便され、いわば「溶けて消え去るように」転換バスは衰退していきます。

　転換バスでの利用促進を訴えても、鉄道に比べて圧倒的に魅力に欠け話題性も希薄なため、まちづくりのツールとしての活用はきわめて困難です。その結果、地元行政側が多額の費用をかけて苦心して転換後に建設したバスターミナルや沿道のバス停待合室も、バスダイヤの減便で閑古鳥の状況に陥っているケースも全国各地で散見されます。

　このため、転換バスの利用者は「特定少数」の地元利用に限られ、鉄道時代に比べ利用者の大幅な逸走が生じ、とても「持続可能」な代替交通とは言えなくなります。地元行政と沿線住民が、鉄道沿線の交通事情をどの程度知り、やる気がどれだけあるかにかかっています。　　　　　　　（武田　泉）

Q2-5 BRT方式への転換はどのように評価すべきですか？

　提言は、地域公共交通の再構築のひとつに、「BRT・バス等を導入し、運営経費を削減しつつ、増便、ルート変更、バス停の新設等により、鉄道と同等又はそれ以上の利便性を実現していく」ことを提案しています（提言32ページ）。BRT方式への転換はどのように評価するべきでしょうか。

BRTとはなにか

　提言は、地域公共交通の再構築の先行事例のひとつとして「BRT化、バス化」を紹介するなかで、「BRT（Bus Rapid Transit：バス高速輸送システム）やバスに転換することで、運営経費を削減しつつ、利用者ニーズに応じた運行本数の増加やルート設定が可能となり、公共交通としての利便性や持続可能性が向上する例がある」（提言24ページ）として、JR東日本の気仙沼線（2012年）と大船渡線（2013年）、JR九州の日田彦山線（2023年8月開業予定）をあげています。これらの路線は、東日本大震災や豪雨被害で被災した後に鉄道で復旧されず、BRTが導入されています（予定を含む）。提言ではBRTを「バス高速輸送システム」と訳す以上の説明をしていません。

　国土交通省は、2013年の「BRTの導入促進等に関する検討会」で、BRTを「連節バス、PTPS（公共車両優先システム）、バス専用道、バスレーン等を組み合わせることで、速達性・定時性の確保や輸送能力の増大が可能となる高次の機能を備えたバスシステムであり、地域の実態に応じ、連節バス等を中心とする交通体系を整備していくことにより、地域公共交通の利便性の向上、利用環境の改善が図られます」（国土交通省〔2013〕）としていました。しかし、現在は「BRTとは、走行空間、車両、運行管理等に様々な工夫を施すことにより、速達性、定時性、輸送力について、従来のバスよりも高度な性能を発揮し、他の交通機関との接続性を高めるなど利用者に高い利便性を提供する次世代のバスシステムです」と抽象的な表現に変えられています（下線部分は「BRTに求められる性能」として強調。国土交通省〔2022-c〕）。

　「BRTの導入促進等に関する検討会」では、BRTを「都市内交通型BRT」（基幹交通軸の形成、鉄道網の補完等：集約型都市構造の形成）と、「都市間交通型BRT」（鉄道廃線敷の活用等：鉄道廃止に伴う代替機能確保）の2類型に分けていますが、

国内外の都市部での先行・導入事例や、連節バス導入の技術的な課題が検討されていることから、「都市の公共交通として、BRTは重要な役割を担うことが期待」されていたことが分かります（国土交通省〔2013〕資料2〜6および9）。

BRTへの転換に対する評価

　JR東日本は、東日本大震災（2011年）で被災した鉄道路線のうち、気仙沼線、大船渡線の一部区間を鉄道では復旧せず、BRTへ転換しました。鉄道廃線跡を活用した他の事例もありますが（土屋〔2020〕）、JRローカル線のBRTへの転換は気仙沼線や大船渡線が最初の事例であり、ローカル線の見直しに先鞭をつけることになりました。この2路線のBRTへの転換が2022年7月の有識者検討会提言でローカル線見直しの先行事例として取り上げられ、同年9月の「道路空間を活用した地域公共交通（BRT）等の導入に関するガイドライン」でBRTの定義が抽象化されることにつながります。

　基本的には都市の公共交通手段として、地下鉄やLRTと比較して設備投資を節約しつつ、バス輸送よりも速達性、定時性、輸送力、利便性を確保することを目的にするBRTを、ローカル線のバス転換への抵抗感に対する緩和策として、専用道に連節バスを走らせるなど高度化したバス輸送システムを装って、鉄道の代替手段のひとつとして強調しようとしているわけです。

　しかし、気仙沼線も大船渡線も、BRT全線に占める専用道の割合は気仙沼線が66.2％、大船渡線が43.0％（整備完了時45.3％）、日田彦山線が35.0％にすぎません（ひたちBRTは路線延長8.7kmと短いですが70.1％が専用道となっています。国土交通省〔2022-c〕43〜47ページ）。

　BRTが利便性を重視して一般道へ迂回すれば、速達性や定時性にも影響せざるをえないのであって、連節バスを走らせることで一時的には物珍しさはあっても、結局は単なるバス転換にすぎないのではないでしょうか。また、BRTに転換された路線では、バス転換の場合と同様に、利用者が減少しているとの指摘もあります（鉄道乗蔵〔2023〕）。

　提言が提案しているBRTで「鉄道と同等又はそれ以上の利便性を実現」することは幻想と言わざるをえません。

（安藤　陽・地脇聖孝）

Q2-6 JR旅客各社のローカル線改善策は利便性を向上させて いますか？

JR化当初の積極運営

　ローカル線の運営では、利用者側も低コストでの効率的運行へ協力する発想として、ワンマン化などが行われました。しかし、合理化が極端になると、利用者側は受け入れられずに利用者離れを招きました。

　まず国鉄終末期から民営化当初は、JR各社は積極策に出て、札幌・仙台・新潟・長野・金沢・静岡・岡山・広島・高松・福岡等の地方都市圏では、短編成・増発・頻発化・新駅設置により、「国電型ダイヤ」としました。新型車両の増備や快適なクロスシート車両も登場させ、JR型運営の成功として、当時もてはやされました。駅のみどりの窓口の増設、改札口の増設、増発を契機にした接続改善等の積極策で、利用も上向きました（武田〔1998〕）。

次第に消極策へ舵を切る

　ところが、時を経て次第に積極策が停滞し、合理化に舵を切りました。JR東日本では「効率化」と言い換え、特に東北地方等では機関車牽引の客車列車を電車化して、作業人員他を削減しました。その際、経費削減や合理化方策として、短編成化されました。定員減の影響を緩和すべく、ロングシート化もセットでされましたが、沿線人口減少やモータリゼーションの進展などから利用が減少し、混雑は沈静化しました。旅行者などからは、ロングシート化で旅情が失われたとの意見も上がるなど、地域輸送と観光輸送をいかに両立するかは大きな課題です。

　次にJRローカル線区では、民営化後比較的早期からワンマン運転化されました。その後全国的に普及すると、乗降方法がJR各社のみならず支社・地域ごとにバラバラなため（後乗り前降り、前乗り前降り、開閉ドアが一部で他は締切り、半自動扱いドアボタンの操作など）、利用者は混乱しました。さらには曜日・時間による差（駅の営業時間や方式を反映）で、ドアの開閉方法が異なるなど、一層混乱しました。その結果、乗り慣れない利用者が乗車できずに置いて行かれるケースも出ました。

　ダイヤ・運行形態でも、以前の通しの直通運転が次第に削減され、拠点駅

での折り返し・乗り継ぎ、車両数の削減、ダイヤの削減、利用の少ない中間駅の削減、トイレの閉鎖等が、軒並み進みました。

コロナ禍後の多大な影響

　そして2020年代には、コロナ禍後に鉄道事業者は大幅減収に対する政府の資金的支援が、鉄道だけ皆無なため自助努力を強いられ、不採算部門のコストカットへと舵を切り、決算上帳尻を合わせました。地方部の主要乗換駅でも、高性能自動販売機や話せる券売機の導入や各社ともネット予約販売を見返りに、駅のみどりの窓口の営業時間の大幅短縮や削減を断行し、窓口閉鎖で無人化も行いました。JR化後に増強された対面販売のみどりの窓口も、コロナ禍での接触回避を口実に、ここ数年で大規模駅を除いて大幅に姿を消しました。駅の無人化もさらに徹底し、改札口だけ営業し切符売場窓口を閉め、外国人観光客が多くても、窓口を閉めて社員は退勤するなどが頻発しました。この結果、ダイヤ遅れ・運休等の情報提供もされずに、また無人駅の多い地方部では定期券や遠距離きっぷを買うために、事前に何十キロも離れた駅まで出かけることも生じています。仮にICカードが導入されても、簡易改札機だけでチャージできずに通り抜けられないこともあります。上場したJR九州では、駅の無人化を断行し、代わりに駅監視システムを導入し、車いす対応では前日までに電話で申し込まないと対処できず、一部の利用者は提訴しています。

　駅を無人化した際、地元側は駅にひと気がなくなることを避けるべく、地元持ち出しでの簡易委託もありますが、引受条件は厳しいようです。また線区によっては、地元で利用促進協議会の設置もありますが、第三セクターや地方私鉄に比べるとその数は少なく、取り組みも積極的ではないケースが多くなっています（日本経済新聞、西日本新聞などの記事参照）。

JR運営の限界

　このようにJR各社によるローカル線対策は、表向きは安全確保や持続的運営を挙げますが、実際は事業者側の経営判断、その時の社会情勢や業績に大きく左右されます。その結果、利用者側の利便性は二の次にされ、あくまで利益を求める事業経営と、競合交通手段の状況を見定めた範囲内でしか、行われなくなりました。

（武田　泉）

Q2-7 鉄道の利便性を高めれば利用者を増やせるのではないですか？

　大都市圏では鉄道の利便性向上により利用者を増やせることが多いのに対して、地方では鉄道事業者の取り組みだけでは、利用者増加に結びつくとは限らないということになります。「鉄道を中心とするまちづくり」の推進に向けて、ステークホルダーが協働することが重要です。

株式会社は利益を見込める事業に投資することで企業価値を高める

　一般的に、株式会社は投資家の期待する水準以上の利益を見込める事業に資金を投じることで、企業価値を高めます。たとえば、JR西日本は、一部の例外を除いて、新型車両の投入を、同社が最重要路線と位置づける、京阪神エリアの在来線と、高単価の新幹線について優先して実施しています。特に、京阪神エリアでは多くの区間で私鉄と並行しているため、私鉄から乗客を獲得することでJR線の利用を増やしてきました。

　JR西日本を含め、株式会社の経営者は、利益を見込める事業には投資を行う反面、利益の見込みが希薄な事業への投資には消極的になりがちです。

利用者増の見込みが希薄な地方エリアへの投資進まず

　鉄道の地方エリアでは、利便性を高めても利用者を増やせる見込みが希薄であることが、投資がなかなか進まない大きな要因と言えます。

　こうした点を最もよく示していた事例の一つとして、JR西日本広島エリアがあります。広島駅を中心とする「広島シティネットワーク」と呼ばれる広島都市圏では、広島駅起点でおおむね15分ヘッドの「待たずに乗れる」ダイヤが組まれており、列車本数の面では大都市圏に引けを取らない利便性が提供されています。

　広島エリアでの主な鉄道利用層は、高校生などの通学客、郊外に住む広島都心部への通勤客、そして観光客などです。こうした人たちは自家用車を利用できないか、または最初から自家用車を利用する意思のない人たちです。反対に、自家用車で日常的に移動や通勤をする人たちは鉄道を利用する意思がほぼ皆無です。

このような背景により、新型車両投入が鉄道利用の底上げにつながりづらいと考えられたことが、JR西日本が広島エリアへの新型車両投入に長い間消極的であった理由と考えられます。旧国鉄型車両の老朽化に伴い、2014年度末にようやく新型車両が営業を開始しましたが、鉄道利用者を増やせていないのが現状です。

　それでも、一定の人口集積がある地方ではステークホルダーの協働と利便性の向上の合わせ技により、利用を増やせる可能性はあります。

鉄道中心のまちづくりで地方圏でも鉄道利用は増やせる

　たとえば、国鉄の第1次地方交通線として国鉄から経営分離された北条線（粟生～北条町）の運営を引き継いだ第三セクターの北条鉄道は、列車増発を目指して、2020年度に約1.8億円を投じて、途中駅の法華口に列車の行き違いができる交換設備を整備しました（広報かさい〔2020〕2ページ）。さらにクラウドファンディングで調達した1,300万円に株主である加西市からの補助金を加えた2,900万円を投じて、JR東日本から気動車キハ40を1両購入しました。これらの投資が功を奏し、2021年度の輸送人員は前年度比約6万人増の約34万人となりました（北条鉄道〔2021〕、〔2022〕、加西市〔2021〕）。

　国鉄分割・民営化の趣旨に鑑み、今後もJRが現有のすべての路線の運営を継続することが大前提ですが、各地で行われている中小鉄道事業者とステークホルダーの協働によるローカル鉄道再生の成果を生かすことが望まれます。

　そして、沿線自治体には、鉄道駅周辺に行政機関や商業施設、住宅地を誘導するとともに、鉄道を利用しやすくなる支援を行うことなどの「鉄道を中心としたまちづくり」の発想が求められます。ステークホルダーが協働して鉄道利用を後押しする利便性向上の環境整備に取り組むことが、中長期的な鉄道利用者の増加と鉄道活性化につながると考えられます。

（大塚良治）

Q2-8 「コンパクトでしなやかな地域公共交通」が利便性を高めるのですか？

「バラ色の未来」か、地獄絵図か

　提言では、「コンパクトでしなやかな地域公共交通」（36ページ）の実現を通じて公共交通再構築をはかるよう提案しています。検討会が想定しているのはデマンドバスなど、あらかじめ利用申込があった場合に限って運行する形態のものです。

　デマンドバス推進派は、①利用者にとっては、呼べばいつでも来てくれるので待ち時間がなくなります、②公共交通事業者にとっては、空気を運んでいるだけの状況で運行する機会を減らし、需要に応じて運行する形態に変えることで赤字を減らせます──と「バラ色の未来図」を描き出します。こうしたデマンド化への動きは、地方交通のみならず最近では大都市の交通事業者にも広がっています。たとえば、大阪市交通局の民営化で生まれた「大阪シティバス」も、郊外など一部バス路線でオンデマンドバス化を示唆しています（大阪メトログループ〔2020〕、24ページ）。

　埼玉県三芳町が2016年に実施したデマンド交通に関するアンケート調査結果には興味深いものがあります（埼玉県三芳町〔2016〕）。「１回だけデマンド交通を利用し、継続的にデマンド交通を利用しなかった理由」に対する回答は「運行時間が短い」（20.0％）、「自分の移動に合っていない」（10.9％）、「行きたい場所に行けない」（12.2％）です。「予約が面倒」の回答も14.1％ありました。

　デマンド交通に期待することを尋ねる質問で、「予約なく利用できること」との回答が15.4％を占めることは注目に値します。従来型（定期運行型）の公共交通を求める意見であり、言い換えれば「デマンド化」自体への拒否回答であるといえます。

　インターネット予約を求める回答は5.7％に過ぎませんでした。デマンドバス推進派はMaaS（インターネットによる公共交通予約の一元化サービス）もセットで推進していることがほとんどですが、この回答はMaaSでは問題が解決しないことを示唆しています。

　このアンケートは、回答者全体の4分の3を女性が、4割を70歳代が、過

半数を運転免許非保有者が占めています。典型的な交通弱者の声を反映したアンケートだけに、運行時間の延長（18.6％）に加え「自宅まで直接迎えに来てくれること」（10.9％）、「目的地まで直接行ってくれること」（15.4％）が上位を占めるのは予想された回答といえます。これらの回答からは、交通弱者であっても、従来の路線バスをただ予約対応にしただけのデマンドバスでは利用につながらないことを示しています。

長野県佐久市でもデマンド交通利用者に対するアンケート調査が行われています。そこでは「乗車1時間前までであれば予約できると案内されているのにその時間に電話しても予約できなかった」との声が寄せられています（佐久市〔2022年〕）。かけ声とは裏腹に、日本ではコンパクト化だけが進行し、しなやかな公共交通は実現できていません。

なぜこのようなことが起きるのか

公共交通は文字通り公共財なので、最大需要に合わせて供給体制を整えなければなりません。たとえば、始発から終点まで1時間かかる路線で、バスの最大定員が50人であるときに、朝夕のラッシュアワーに最大500人の需要が発生する場合、バスは最低でも1時間あたり10台必要です。

しかし、ラッシュが終わった昼間に1時間あたり50人の需要しかない場合、10台のうち9台は車庫で遊んでいることになります。合理化推進派は「大半の時間、遊んでいるバスの維持費がもったいない」と言い出します。バス会社はこれに抗しきれず、車両所有台数を減らします。

予約があるときだけ運行するという意味で、デマンドバスに酷似した運行形態を採る貸切バス業界の現状を見れば、デマンドバス化の未来が予測できます。合理化のため車両台数を減らした貸切バス業界では、突発的な需要に合わせた増発が困難になっています。それを埋め合わせるため、国がバスを5台以上所有していれば自由に貸切バス業界に参入できるよう規制緩和した結果、経営体力のない小さなバス会社が乱立。過当競争となり、ツアーバス事故が相次いで起きたことをご記憶の方も多いでしょう。

この段階になって気づいてもすでに手遅れです。使いたいときにいつでも誰でも使える交通機関でなければ「公共」の名に値しません。　　　　　（地脇聖孝）

Q2-9 利用客が少ないローカル線では、経費節減のため大都市部より安全基準・技術基準を緩和してもよいのですか？

社会的規制と経済的規制

提言には、「規制・運用の適正化」として「技術や安全に関わる規制の運用についても、運行本数の少ないローカル鉄道に対して、使用環境に適した設備や車両になっているか、また、経費増の原因となっていないか、検証を行う必要がある」との記述（提言、26ページ）があります。

鉄道の協議運賃制度について、「地域の実情に応じた柔軟な運賃設定に限界」があるとしつつ、「手続きの簡素化が必要」と指摘する項目に連続して記述されていることから、安全基準・技術基準についても同様にすべきと読み取られることを、期待して書かれたものというべきでしょう。しかし、検討会がそれを意図しているとしたら、誤った認識といわなければなりません。

鉄道に対する行政の規制には経済的規制と社会的規制があります。前者は鉄道事業への参入・退出や運賃設定など経済的部分に関する規制をいいます。国鉄分割・民営化以降、日本では路線廃止が許可制から届出制に改悪されるなど、実効性のある経済的規制はほとんど存在しません。

一方、後者は安全規制などが該当します。経済的規制と同様、大きく緩和された時期もありましたが、設置義務のなかった速度照査型ATS（自動列車停止装置）がJR福知山線脱線事故などを契機に義務化となるなど、一部で再び強化の流れも出てきています。

ローカル線だから安全性もローカル基準でいい？

経済的規制と社会的規制の問題は分けて考えるべきだという一部の鉄道研究者もいますが（宇都宮浄人〔2015〕）、この両者は鉄道事業者の現場レベルでは一体不可分のものであり、規制をめぐる議論でも同様に考えられてきました。

たとえば、2017年1月に紀州鉄道（和歌山県）で起きた脱線事故では、同社が十分な保線を行わず、線路にゆがみが発生したことが原因とする運輸安全委員会の報告書が出されています。「必要と考えられる再発防止策」について「軌道整備の着実な実施」が挙げられています（運輸安全委員会〔2018〕、32

ページ)。

　公共交通事業者にとっては安全を維持するにも財源が必要であり、その財源は運賃・料金収入が大半を占めています。同社のような経営基盤の弱い地方鉄道では、国交省が技術基準で定める最低限の保線すら経営難で実施できなくなってきているという深刻な現状にあります。

　国や自治体が必要な補助金などの財源措置を講じないまま、安全基準の遵守だけを求めたとしても、地方鉄道事業者の場合はそもそも財源の捻出が困難です。極端な場合、事故を起こさないために廃線の選択をせざるを得ない地方鉄道が出てくることも予想されます。みずから維持困難線区を公表し、その沿線に「安全か路線維持か」の二者択一を迫ったあげくに、災害で不通となった路線を復旧させなかったJR北海道はその象徴です。

　提言は、こうした事態を防ぐために、地方鉄道にいわば「安全規制のローカルルール」を設けるための趣旨だと考えられます。しかし、そもそも人命の価値は大都市部も地方も同じはずです。同じ規模の鉄道事故でも、大都市鉄道の沿線住民であれば生き残るべきである一方、日本経済・社会にとって「足手まとい」なローカル鉄道の沿線住民なら死んでもかまわないと検討会が考えているのだとすれば、それは人命の価値に差をつけることを意味します。生産性で個人を選別する発言を行い、批判を受けた政治家と同様、最も醜い差別主義、新自由主義的発想であり、断じて許されません。

　誰もが、好きなときに、望む場所に移動できることは、近年、交通権、移動権などと表現されるようになっています。交通権、移動権が基本的人権を構成する重要な要素のひとつだとする考え方も徐々に支持を広げています。今、検討会が提言すべきなのは、大都市部であれ地方であれ、すべての人びとが健康で文化的な生活を等しく保障されるようにするための交通政策であり、儲からない地方鉄道の安全基準・技術基準を切り下げることではありません。

（地脇聖孝）

Q2-10　鉄道の線区評価はローカル線の見直し基準になりますか？

伝統的な鉄道の線区評価手法

　鉄道は、大量輸送、速達性、定時性にすぐれた交通機関です。鉄道の線区評価は、こうした特性が発揮されているかどうかで判断することが原則です。しかし、こうした特性をどのように評価するかが、問題となります。

　旧国鉄の特定地方交通線の廃止では、線区ごとの輸送密度という基準だけでこうした特性の有無を判定し、廃止するローカル線区を選定しました。輸送密度は、インフラを自ら保有しなければならない鉄道事業者が、<u>自立経営を前提に大量輸送を実現できるかどうかを判定する</u>うえで、一定の妥当性を持ちます。しかし、特定地方交通線の廃止では、画一的な線区評価が行われたことを、さすがに提言でも問題視しています。

提言における線区評価の考え方

　提言では、「鉄道が各地域で果たしている意義・役割は様々であり、個々の線区を評価するに当たっては、あくまでも利用者や地域戦略の視点に立って、あるべき公共交通はどのようなものか、という視点から評価すべき」であり、「交通事業の収支だけを見るのではなく、それが地域の他の様々な分野の費用や効果に及ぼす影響も含めた評価手法（クロスセクター評価など）の活用も検討すべきである」（提言、33ページ）としています。

　こうした線区評価に対する考え方は、2000年代に議論された線区評価の考え方とおおむね共通しています。ところが、線区評価の結果をどう取り扱うかには、大きな違いがあります。2003年には、こうした線区評価の考え方を反映した手法として、「地方鉄道復活のためのシナリオ」（地方鉄道問題に関する検討会〔2003〕）によって、費用対効果分析が提案されました。分析結果は、鉄道の存続判断のための情報を提供するものの、地域の判断は拘束していませんでした。

　しかし、提言では、線区評価の結果「鉄道固有の特性は発揮できていないものの、鉄道を運行する公共政策的な意義が認められる場合」（提言、34ページ）は、鉄道が活用（存続）されるべきとしています。「鉄道固有の特性を発揮していない」という決めつけのもと、線区評価の結果だけで鉄道の存続判

断をしようとする姿勢が認められます。

線区評価の実施における問題

　提言の線区評価には、その考え方だけではなく、実施における問題も無視できません。

　提言では、「コンパクトでしなやかな地域公共交通に再構築していく」ことを、交通政策基本法で定められている国・地方自治体・鉄道事業者それぞれの責務と役割分担のもと、協力・協働して取り組む必要があるとしています。ことに地方自治体に対しては、地域公共交通活性化再生法にもとづく枠組みなどを通じて、ローカル鉄道のあり方の見直しに積極的に取り組むべきとしています。より具体的には、法定協議会や特定線区再構築協議会等（仮称）での議論のなかで、線区評価が実施されるものと考えられます（Q3-3参照）。

　線区評価の実施においては、大きく二つの問題があります。

　ひとつは、線区評価そのものに鉄道を廃止させようとする意向が働くことです。提言では、「廃止ありき」、「存続ありき」といった前提を置かずに、ファクトとデータにもとづき協議することとしています。しかし、ファクトとデータの評価は、人がおこないます。人が評価する以上、その評価には、評価する人の考え方の影響から逃れることは困難です。ところで、この提言での「ローカル鉄道のあり方の見直し」は、鉄道の廃止を意味しています（Q1-6参照）。提言に、鉄道を廃止させようとする意向がある以上、線区評価にも影響することは避けられません。

　いまひとつは、線区評価が、実際は旧国鉄の特定地方交通線の廃止のように、画一的に運用される危険性です。提言では、特定線区再構築協議会（仮称）等の設置という、新たな協議の場づくりを提案しています。注目すべきは、この協議会は、<u>鉄道事業者の要請を受けて設置できる</u>ことです。紙幅の関係で協議会の問題点には触れませんが、鉄道事業者の要請で協議会を設置できる以上、協議会の設置基準（Q2-12参照）が、実質的に鉄道を廃止する評価基準として運用されるという問題に直面してしまいます。

　ここまで述べてきたように、鉄道の線区評価は、ローカル鉄道の廃止を推進する側の見直し基準ではあるものの、鉄道の存続に寄与する見直し基準とはいえません。

（下村仁士）

Q2-11　鉄道が地域にもたらす経済効果とその測定方法にはどのようなものがありますか？

鉄道の経済効果とは？

　鉄道は、他の交通機関と比べて輸送力が大きいため、大きな間接的経済効果を地域にもたらしています。

　不動産会社は、マンションの広告に「○○駅前」「××駅まで徒歩5分」などと書き、その価値を高めています。仮にその路線が廃止となり、「駅前」表示ができなくなった結果、それまで5,000万円で売れていたマンションが3,000万円でしか売れなくなったとすれば、その差2,000万円は鉄道の存在が地域にもたらしている経済効果ということになります。

　2005年につくばエクスプレスが開業した千葉県流山市では、この15年間で人口が5万人も増えました。流山おおたかの森駅と南流山駅に送迎保育ステーションが設置されました。保護者がこのステーションに子どもを預け、保育所はここに送迎バスの拠点を設けて、集まってきた園児たちを効率的に園まで運んでいます。「このステーションがなければ待機児童となり、仕事を辞めなければならなかった」、「きょうだいが別々の保育園でも、送迎が1カ所ですみ助かる」との保護者の声が寄せられています（ビッグイシュー〔2022〕）。

　子どもを保育園へ送迎する負担が重すぎて、保護者が仕事を辞めれば、地域住民の可処分所得が減り経済に負の効果をもたらします。賃金の額が、その人の将来受け取る年金の額にまで影響することを考えると、地域経済の未来まで閉ざしてしまうことになるのです。

　政府機関からも公共交通の外部経済効果を認めるデータが出てきています。公共交通が衰退した地域で、①自動車保有者の外出率（77.1％）に対し、非保有者の外出率（44.6％）が3割も低下すること、②ホームヘルパーが利用者を訪問するための年間移動費用が、面積あたり人口で8.8人／haの都心部（15,800円／世帯）と、3.0人／haの郊外（28,800円／世帯）との間に約1.8倍もの差があることが示されました（財務省〔2021〕）。

　「雨天に際してバイク、自転車利用から都市公共交通機関利用に転換する例」など「潜在的利用者に対する利用可能性」を公共財とみなし、これを公

共補助の根拠とすべきだとの専門家の見解もあります（廣岡〔1987〕）。普段は乗らない人も含め、不測の事態が起きたときにいつでも誰でも乗れることを価値評価の対象に加える考え方もあります。

経済効果の正確な測定のために

このような外部経済効果を、地域住民がいくら鉄道事業者に訴えても受け入れられず、過去、日本では多くのローカル鉄道が失われました。外部でいくら経済効果が生まれても、それは鉄道事業者の決算には反映されないからです。

地域経済の衰退を防ぎ、ローカル鉄道を住民はもとより、国民全体の利益になるよう残していくためには、このような外部経済効果を含めて正確に測定し、鉄道事業が持続可能になるよう鉄道事業者の経営にこれを還元していく施策が必要です。

評価手法として公表されているものには「鉄道プロジェクトの評価手法マニュアル」（国交省鉄道局）がありますが、相変わらず「鉄道事業者による持続的な運営の実現のため採算性の視点からの評価が必要」（国土交通省〔2012〕、4ページ）としています。ここまでの採算性へのこだわりは異常です。マニュアル自身「限界」を認めているとおり、十分なものとはいえません。

また、評価自体が特定の立場（地方鉄道廃止、新幹線・リニア建設推進）をもつ者によって行われるのでは中立性・公正性に疑問が生まれます。現に、リニア中央新幹線事業では、建設推進の立場の「専門家」によって「東海道新幹線の乗客は全員がリニアに移行する」というでたらめな需要想定で評価が行われています（西川〔2016〕）。

「クロスセクター評価」（提言、33ページ）を行うに当たっては、幅広い市民が納得できるような、中立的かつ客観的な評価基準に基づき、幅広い参加者による熟議を経ることが必要です。 （地脇聖孝）

Q2-12　なぜ輸送密度1,000人／日未満の線区が検討対象なのですか？

　1,000人という数字に明確な根拠はないと思われますが、極端に利用の少ない路線の存廃に関して、関係自治体の理解を得て、路線見直しに関する協議を円滑に進める狙いがあります。有識者検討会の提言は、輸送密度1,000人／日未満などの基準を踏まえて、路線の存廃について協議することを求めています。

JRグループで進む不採算路線見直しに向けた動き

　JRグループで、不採算路線の見直しに向けた取り組みが活発化しており、提言の公表は、そうしたJRの動きに対応したものです。

　JRグループによる不採算路線公表の皮切りは、JR北海道が2016年11月18日に発表した「当社単独では維持することが困難な線区について」（以下、「JR北海道文書」）でした。

　「JR北海道文書」の公表を契機に、2019年3月22日にJR四国が線区別収支を初公表し、2020年5月27日にはJR九州も平均通過人員が2,000人／日未満の線区に限って路線別収支を初公表しました。

　さらに、JR発足後長らく黒字決算を続けてきたJR東日本とJR西日本も、コロナ禍の鉄道利用激減による赤字決算への転落を受けて、極端に利用の少ない路線に関して経営情報の開示を進めることとなりました。

　2022年4月11日、JR西日本は「ローカル線に関する課題認識と情報開示について」と題するプレスリリースを公表しました。

　同年7月29日、JR東日本も「ご利用の少ない線区の経営情報を開示します」を公表しました。

　一方、JR東海は、不採算路線について、「（廃線やバスなどへの転換等の）予定は当面ない」とし、収支公表による自治体との議論の喚起は不要との見方を示した、と報道されています（日本経済新聞〔2022〕）。

「1日平均通過人員1,000人」の根拠は

　JR東日本、JR西日本、およびJR九州の公表基準2,000人という数値は、

特定地方交通線入りの数値基準4,000人の半分です。そして、提言の1日平均通過人員1,000人という数字は、JR東日本、JR西日本、およびJR九州の公表基準2,000人の半分です。2,000人という数値は、国鉄再建法施行令第4条第1号の「旅客輸送密度が2,000人未満であるもの」として「他の選定対象線に先立って選定（＝廃止－引用者注）」の規定に該当する第1次・第2次特定地方交通線の選定基準です。

　しかしながら、提言の数値基準に対して客観的な根拠は国交省から示されておらず、「当面は、対象線区における平均時の輸送密度が1,000人（国鉄再建特措法に基づく旧国鉄のバス転換の基準 4,000人の4分の1の水準）を下回っていること」という説明が示されているのみです。一方、国鉄再建法施行令第3条に「1時間当たりの最大旅客輸送人員が1,000人である」場合、特定地方交通線からは除外される旨の規定があり、この数字を参考にした可能性もあると考えています。輸送密度1,000人／日未満の路線で、「1時間当たりの最大旅客輸送人員が1,000人」という混雑が発生する状況は皆無ではないにしてもそれほど多くない可能性を考慮して、この数値基準が設定されたのかもしれません。

　国鉄時代、特定地方交通線基準は鉄道の大量輸送の特性を発揮できていないと判断されたうえで設定されたものでしたが、現在の状況に照らせば、4,000人は比較的利用が多い印象です。たとえば、コロナ前の2019年度の輸送密度4,000人前後の路線としては、函館市電や岡山電気軌道があります。いずれも営業損益はマイナスでしたが、市民や訪問者の貴重な足となっています。

「かけがえのない命を守る」という視点で鉄道の存続を

　国土交通省は、利用が極端に少ない路線については、バスで代替できると判断していると思われます。しかし、鉄道には、道路での事故を防ぐ機能があります。バス運転士の高齢化が進むなか、バス事故が今後さらに増える懸念があり、かけがえのない命を守るという視点で鉄道を維持することの重要性はますます高まると考えられます。　　　　　　　　　　　　（大塚良治）

Q2-13　JRは輸送密度2,000人／日未満の路線の線区別収支をなぜ公表したのですか？

　2022年4月、JR西日本は新型コロナウィルスの影響を受ける前の2019年度の輸送密度2,000人／日未満の線区について、一定の前提をおいた算出のもと、線区別収支率を初めて公表しました。それによると、在来線49線区（4,090.5km）のうち17路線30線区（1,360km／総営業数の約30％）が2020年度までの過去3カ年平均収支で赤字としています。

　JR西日本は公表の理由について「沿線人口の減少・少子高齢化、道路整備や、道路を中心としたまちづくりの進展など、ローカル線を取り巻く環境が大きく変化し、現状の利用実態では必ずしも鉄道の優位性が発揮できていない。今後もさらなる人口減少や環境変化が見込まれるなか、最適な地域交通体系を地域の皆様とともに創り上げていく必要があり、各線区の実態や課題を共有することで、より具体的な議論をさせて頂くために情報開示を行うこととしました。」（JR西日本〔2022-b〕）としています。

　また、7月にはJR東日本も輸送密度（平均通過人員）2,000人／日未満の35路線66線区（2,200km／総営業数6,207kmの35％）が赤字であることを公表し、「単独での維持困難」を匂わせています（JR東日本〔2022-b〕）。

輸送密度（平均通過人員）2,000人／日未満公表の背景

　それではなぜこの時期に輸送密度2,000人未満路線の公表が相次いだのでしょうか。その理由としては、検討会提言による「特定線区再構築協議会（仮称）等の設置」との関連が考えられます。すなわち「JR各社は、少なくとも輸送密度が2,000人（国鉄再建特措法に基づく旧国鉄のバス転換の基準4,000人の2分の1の水準）を下回ると、鉄道事業者の経営努力のみにより利便性と持続可能性の高い鉄道サービスを保っていくことが困難になるとの考えを示してきており、これが協議会の立ち上げの一つの目安となると考えられます。当該目安を満たさない線区についても、線区の状況に応じて協議の場を設定することが望ましい」とし、「協議の場」を設定する線区の線引きの役割を果たしたと言えます。

　そして提言では、利用者の著しい減少等を背景に、利便性および持続可能

性が損なわれている、または損なわれるおそれがあり、対策を講じることが必要な線区については輸送密度を1,000人未満に引き下げて協議会を設置するとしているのです。

依然として2,000人未満の廃線は生きている～JR北海道の教訓から

提言では協議会設置の目安が1,000人未満に引き下げられましたが、JR西日本や東日本が公表した2,000人／日未満線区の協議会設置はなくなったのでしょうか。

その答えは、2016年11月に提案されたJR北海道の「単独維持困難路線（2,000人未満）」10路線13線区（1,237km＝営業28線区・2,464kmの約50%）の廃線にかかわる経過が参考になるかと思います。

JR北海道は、JR西日本やJR東日本と比較してもかなり高い割合での廃線提案を行いました。北海道庁では廃線提案の地域への影響を重くみて、2016年11月に学識者による「ワーキングチーム」を立ち上げ、翌年2月には「すべての路線の現状維持は難しい、札幌と地方中核都市を結ぶ大量、高速の鉄道は必要」と8路線優先維持の報告を行ったのです。これを受けてJR北海道は当面の廃線対象を輸送密度200人未満とし、災害不通路線を含めて5線区としたのです。

夕張市長（現北海道知事）が早くから廃線に合意していた石勝線夕張支線を除けば、沿線自治体・住民の根強い反対もあって個別協議会が開始されたのは2018年5月以降でした。全5線の廃線・バス転換への最終合意は2022年8月30日（北海道新聞〔2022〕）で、維持困難路線の公表から6年近くかかりました。

検討会が北海道のケースから学んだと思われることは、①大都市圏住民の賛意を意識し、地域に譲歩の側面を見せながら存廃路線基準を段階的に引き下げる、②地域の引き延ばしをさけるため協議期間を3年に限定、③協議会は国が主導し、自治体は沿線のみが参加、④合意に至っても国の責任は曖昧にする、⑤最初の基準による維持困難路線の検討は時期をみて再開する、などが想定されます。

北海道ではコロナ禍でのJR利用者の減少と赤字増大もあって、輸送密度2,000人／日未満の8路線の廃止をめぐって第2ラウンドが開始されそうです。

（小田　清）

Q2-14　JR旅客会社のなかで、なぜJR東海だけが輸送密度 2,000人/日未満の線区の収支を発表しないのですか？

　JR旅客各社は、JR東海を除いて概ね輸送密度2,000人/日未満の路線の収支等を公表しており、提言ではそれらを考慮して輸送密度1,000人/日未満の線区のあり方の見直しを提起しています（Q2-12、Q2-13も参照）。

　JR北海道は2016年11月に「当社単独では維持することが困難な線区」の収支状況を公表、JR四国が2019年3月に線区別の輸送密度と収支状況を、JR九州が2020年5月、JR西日本が2022年4月、JR東日本が同7月にそれぞれ輸送密度2,000人/日未満の線区における収支状況を公表しています。これらが提言に反映されていることは、検討会での議事録や資料をみれば明らかです。他方、JR東海は、現在まで、線区別の輸送密度や収支状況を公表していません。

JR東海が経営収支を公表しない理由

　JR東海は、提言公表後の2022年8月4日の社長会見で、「利用者数が基準より少ないローカル鉄道の赤字路線について、『収支というかたちで公表する必要はないと考えている』」と述べています。そして、路線廃止やバスなどへの転換の予定は当面ないとし、「収支公表による自治体との議論の喚起は不要との見方」を示しています。ちなみに、輸送密度2,000人/日未満をJR東海に当てはめると4路線が該当し、提言での基準である1,000人/日未満を適用すると名松線（三重県）のみです（日本経済新聞〔2022〕）。

　JR東海は旅客輸送収入の92.5％を東海道新幹線が占めており、在来線の比率は低くなっていますが、輸送人員でみると在来線の利用者は全体の72.0％であり（JR東海『有価証券報告書』2018年度）、名古屋を中心にした中京圏での通勤・通学輸送や静岡・浜松・豊橋間などの都市間輸送で、在来線は幹線・地方交通線を問わず重要な役割を果たしています。

　JR東海でも輸送密度2,000人/日未満に相当する飯田線、紀勢本線（亀山～新宮間）、高山本線（岐阜～猪谷間）、参宮線、名松線の4線区がありますが（毎日新聞〔2022〕）、JR東海にとって収益的に厳しい路線は地方交通線に限ったわけではなく、一部の幹線線区を除いて在来線自体が見直しの対象になりか

ねません。

東海道新幹線とリニア中央新幹線

　コロナ禍のもとで確かに営業収入が激減しましたが、東海道新幹線が経営の中心であることに変わりはなく、収益性の極めて高い新幹線を脇において収益の期待できない線区の収支の公表や路線廃止を提起することは、JR東海が地域に根ざした在来線の運営と関連事業の展開を「社会基盤」と認識しているのでできません。なお、名松線は、2009年の台風被害によりJR東海がバス転換を提案しましたが、沿線自治体が沿線の整備をすることを前提に2016年に路線が復旧しており（東洋経済〔2016〕）、輸送密度1,000人／日未満の路線とはいえ、JR東海が廃止を再提起することは沿線自治体との関係からしてありえないでしょう。

　また、JR東海は名古屋や東京を中心に様々な関連事業を展開しており、新幹線や在来線のターミナル駅などで鉄道事業と連携しながら営業収益をあげていることも赤字路線の廃止を持ち出しにくいといえます。さらに指摘しなければならないことは、リニア中央新幹線建設との関係です。JR東海は当初、東海道新幹線の営業収益を活用しながら民間事業としてリニア中央新幹線の建設を提起していました。この巨大プロジェクトには環境問題等も含めて様々な批判があり、リニア中央新幹線建設を推進しながら他方で在来線の廃止を提起することは、JR東海にとってリニア建設反対の批判をさらに拡大する恐れがあります。

　以上のように、JR東海が収益の期待できない路線の収支状況等を公表しえないことは明らかです（とはいえ、コスト削減によるサービス水準の見直し＝運行本数の削減や駅の無人化などは進められています）。

　JR東海が在来線の維持を可能とするのであれば、同様に株式を上場し配当をおこなっているJR東日本、JR西日本、JR九州も路線の維持・存続は可能です。収益性を高め株式配当を維持するために赤字路線を廃止するというのであれば、国鉄分割・民営化によるJR各社の「民営的手法」への転換の是非が改めて問われることになります（Q1-7、Q1-8も参照）。　　　　　（安藤　陽）

Q2-15　提言は特急列車や貨物列車が通過する路線は維持されるとしていますが、将来的にもそれは保障されるのですか？

　提言では、JR旅客会社が「JR会社法に基づく大臣指針により、……現に営業する路線の適切な維持に努めること」を求められているとしていますが、提言がJRローカル線の見直しを求めていることはこれまでの検討からも明らかです（Q1-6を参照）。それ以外の路線ではどうでしょうか。

鉄道ネットワークを形成する線区

　提言では、「JR各社の誕生の経緯や高い社会的役割」を踏まえ、「我が国の基幹的な鉄道ネットワークを形成する線区」は、「地域振興のみならず、我が国全体の経済成長や地球環境問題への対応、災害対応や安全保障等の観点から重要な役割を果たしており、引き続き、鉄道の維持を図っていくことが強く期待されるため、当面、特定線区再構築協議会の対象としないことが適当である」とし、以下に掲げる線区は維持されると述べています（提言、35～36ページ参照）。

①特急列車等の優等列車が、拠点都市（都道府県庁所在地又はそれに準じる地域ブロックの中心都市）間を相互に連絡する区間を含む区間で設定されており、相当程度の利用がある線区
②貨物列車が現に走行しており、全国一元的な貨物鉄道輸送サービスの一部として重要な役割を果たしている線区
③災害時や有事において貨物列車が走行する蓋然性が高い線区など、国とJR各社との間で、我が国の基幹的な鉄道ネットワークを形成する線区として確認した線区

「基幹的な鉄道ネットワークを形成する線区」は保障されるか？

　これらの線区は、「基幹的な鉄道ネットワークを形成する線区」として本当に路線の維持が保障されるのでしょうか。
　第一に、特急列車が走行する線区について、特急列車等の優等列車がダイヤ設定されていても、「相当程度の利用がある」かぎりにおいて保障されているのであって、将来的にJR旅客各社の営業政策のなかで利用者の減少を

理由に快速ないし普通列車に変更されることはありえます。しかも、「沿線自治体及びJR各社が協力して、例えば、普通列車を対象とした協議会を開催する等により、当該線区の活性化に取り組んでいくことが必要」と述べており、前倒しでの路線見直しも提起されています。

　第二に、貨物列車が運行されている線区があげられていますが、JR貨物（日本貨物鉄道）は政府の「民営的手法」の徹底による株式売却と株式上場の要請を受けて、収益をあげうる路線に営業が制約されているのが現状で、実際、JR貨物の営業路線は東北本線、東海道本線、山陽本線、鹿児島本線など主要な幹線が中心で、それ以外の路線での運行は限定されています（JR貨物webページの営業線区概要図を参照）。主要幹線以外の線区に関しては、JR貨物の営業政策により貨物列車の運行が見直される可能性のほうが高いといえます。現に北海道新幹線建設による函館本線廃止にともなって、北海道と本州を結ぶ重要物流ルートである長万部〜函館間の動向が注目されています（Q4-9、Q5-2も参照）。2023年7月時点で、同区間は国土交通省、北海道庁、ＪＲ貨物、JR北海道の4者が貨物線として維持する方向で検討することになっていますが、施設維持管理や保安要員の人員確保などの課題はこれから協議されるとのことです（共同通信〔2023〕）。

　第三に、「災害時や有事において貨物列車が走行する蓋然性が高い線区」ですが、これらの路線も国とJR各社との間での確認を前提にしており、国が路線の維持を保障しているわけではありません。自然災害が多くみられる昨今、災害に備えることは必要ですが、「有事」＝戦争（紛争）に備えるという点は果たして「蓋然性が高い」といえるのでしょうか。それよりも現実に起こりうる可能性の高い自然災害に備えるためにも、ローカル線も含めて既存の鉄道ネットワークを維持すべきでしょう。東日本大震災時の緊急石油輸送での磐越西線の利用は貨物輸送の廃止後時間が経っていなかったことが利用を可能にしており、迂回ルートの確保は国の責任で保障すべきです。

　特急列車や貨物列車が通過する「基幹的な鉄道ネットワークを形成する線区」が将来的にも存続を保障されているわけではありません。重要な役割を果たしている鉄道ネットワークを維持するためにも、国が積極的なイニシアチブを発揮して既存の鉄道路線の維持と活性化を図るべきです。　（安藤　陽）

3 地方自治体の責任と役割に関するQ&A

Q3-1 鉄道事業者と沿線自治体との間で、ローカル鉄道に関する連携は行われているのですか？

Q3-2 国と沿線自治体と鉄道事業者は、なぜ危機意識を共有していないのですか？

Q3-3 法定の各協議会や任意の協議会、今後設定される特定線区再構築協議会では、どのような議論がなされるのですか？

Q3-4 北海道で廃線の方向が決められた地域の協議会ではどのような議論がされたのですか？

Q3-5 各協議会において沿線市町村の役割はどのようなものですか？ 一般の鉄道利用者の声は、なぜ届きにくいのですか？

Q3-6 改正地域公共交通活性化再生法の「協議運賃制度」とはどのような運賃制度ですか？

Q3-1　鉄道事業者と沿線自治体との間で、ローカル鉄道に関する連携は行われているのですか？

鉄道事業者と沿線自治体との連携とは

　日本での鉄道事業者と沿線自治体との連携には、「協議会方式」による合意形成という問題があります。

　たとえば、交通環境整備ネットワークが公開していたWebサイトでは、「協議会方式」の合意形成を「トライアングル型」と名づけ、「市町村、鉄道事業者、住民の三者は必ずしも状況認識を共通にしておらず、時として対立する場面も見られる」と指摘しています。「協議会方式」は、鉄道事業者と沿線自治体（そして住民）との連携を実現するには、十分な枠組みとはいえません。

　「協議会方式」に対して提案されるのが、「サークル型」の合意形成と連携の枠組みです。交通環境ネットワークはこうした合意形成を「コミュニティ鉄道」と名づけ、「本来、地域のモビリティを確保する責任を有する市町村、直接地域の足を担う鉄道事業者、地域社会を構成する住民とは、もともと利害関係を共通にするはず。それぞれが地域のモビリティを確保する主体であるという認識をもって、それぞれが責任を分担して、当事者として一つのコミュニティに集合するという考え方」を示します（図2-6参照）。

　もっとも、こうした考え方による鉄道事業者と沿線自治体との連携は、まだ限定的です。

　現在の地域公共交通活性化再生法では、地方自治体は地域公共交通計画の作成が努力義務とされていますが、計画の作成過程で地方自治体と鉄道事業者との間で行われているのは、協議にすぎないという事例も無視できません。

地域公共交通活性化再生法にもとづく連携

　2014年の法改正以降、地域公共交通計画は2022年3月末時点で714件が策定されています。そのうち10件では、地域公共交通計画において鉄道事業再構築事業に関する事項が定められ、上下分離が実施されました（Q4-3も参照）。これらの事例は、鉄道事業者と沿線自治体との連携といえるでしょう。

　興味深いのは、公有民営化された5件の事例です。そこでは、鉄道事業者

図2-6　協議会方式（トライアングル型）による合意形成とサークル型合意形成

トライアングル型

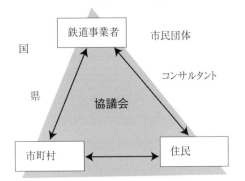

サークル型（コミュニティ鉄道）

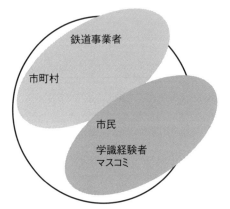

資料：交通環境整備ネットワーク（2009）「コミ鉄の概念」
http://www.ecotran.org/concept.pdf
2009年12月28日閲覧（現在は閲覧不可）

と沿線自治体だけではなく、沿線住民との連携が見られます。ことに、四日市あすなろう鉄道では、サークル型の合意形成による連携で、コミュニティ鉄道が実現しています。公有民営のもと、沿線自治体である四日市市が鉄道インフラの維持に責任を持ち、鉄道事業者である四日市あすなろう鉄道は運行に責任を持つ。そして、沿線住民は沿線や鉄道そのものの魅力を発信し、鉄道まちづくりに向けた啓発活動や地域活性化への取り組みを示すという、好ましい連携の姿を示しています。

　一方で、JR各社と沿線自治体との連携は、限定的と言わざるをえません。JR各社が参加する地域公共交通計画の協議会は2021年4月末現在で247件ありますが、鉄道の利用促進や、駅への／駅からの交通機関の整備への取り組みにとどまります。「サークル型」の連携へは道半ばです。

地域公共交通活性化再生法によらない連携

　地域公共交通活性化再生法によらない形の連携もあります。地域公共交通活性化再生法が制定される以前からの連携がそれです。また、JRがかかわる公設民営では、現時点では地域公共交通活性化再生法の適用を受けていません。

　興味深いのは、第三セクター鉄道の事例です。第三セクターでは経営に自

治体が参画しますので、それ自体が鉄道事業者と沿線自治体との連携といえるでしょう。それだけではなく、そこに沿線住民が加わることに注目する必要があります。第三セクター鉄道のなかには、沿線住民による鉄道存続活動が、長期にわたり展開されている事例がいくつか見られます。たとえば、ひたちなか海浜鉄道の事例では、鉄道事業者・沿線自治体・沿線住民による連携が実現しています。まさにサークル型の合意形成による連携による、コミュニティ鉄道といえます。

沿線住民・そして市民が加わる連携へ

　鉄道事業者と沿線自治体との連携が好ましく機能している事例では、ほとんどで沿線住民もローカル鉄道と積極的にかかわっています。真の連携を実現するのであれば、沿線住民のかかわりが不可欠です。否、沿線にとどまらず広く市民一般との連携が求められています。　　　　　　　　　　（下村仁士）

Q3-2　国と沿線自治体と鉄道事業者は、なぜ危機意識を共有していないのですか？

　有識者検討会の問題意識は、鉄道事業者（特にJR旅客各社）がローカル線を「経営上の重荷」とみなして関係者とその再生方策について十分な協議をしておらず、国や地方自治体もローカル線の現状を直視せずに事業者まかせにしてきており、そのことが地域の発展を阻害し、利用者に不便や不安をもたらしかねない、という点にあります（提言、1ページ）。それゆえに、提言は国、沿線自治体、鉄道事業者等がローカル線を取り巻く現状を直視し危機意識を共有したうえで、地域公共交通の再構築のための対策を講ずる必要があると述べています（同、8ページ）。

　しかし、国、沿線自治体、鉄道事業者はそれぞれが危機意識をもっていると思いますが、なぜ危機意識を共有していないと言われるのでしょうか。

国と沿線自治体の危機意識

　地域において生活交通の確保は重要な政策課題であって、第三セクター化された国鉄転換線等および中小私鉄の厳しい経営状況やバス路線の維持に関して、地方自治体は危機意識をもって対応してきていることは、国が2007年に地域公共交通活性化再生法を制定せざるをえなかったことからもうかがえます。

　つまり、地域における生活交通が衰退しつつあるなかで、それぞれの地方自治体は鉄道やバスなど公共交通の維持・確保と利便性の向上のために危機意識をもって対応していたことは明らかです。国も同法の制定によってそれまでの市場競争まかせの対応を多少修正しましたが、効率重視の選択的な助成がおこなわれることにとどまり、地域公共交通の抜本的な改善には至りませんでした（Q3-1も参照）。

JR旅客各社の危機意識

　他方、JR各社も、厳しい経営状況に置かれているJR北海道やJR四国はもとより、株式上場を果たしたJR東日本、JR西日本、JR東海、JR九州もローカル線の運営に対して「危機意識」をもっていましたが、それは経営効率化

のもとでの収益的経営の観点からもつ危機感であり、提言も述べているように「列車の減便や減車、優等列車の削減・廃止、駅の無人化等の経費削減策や、投資の抑制や先送り等により対応」するもので、そこでは利用者数の減少や経営収支の悪化、老朽化や自然災害による修繕・復旧費用の抑制のためにローカル線の廃止を提起する形をとるものでした。

　JR移行後、JRの判断で廃止された線区は18線787.1kmにのぼっています（その他に並行在来線の5線676kmは別途経営分離。提言、5ページ）。沿線自治体がもつ地域公共交通に対する危機意識からみれば、「国鉄改革から 35 年間もの月日を経た今まで、利用者の減少を主たる理由として廃止に至ることは、比較的抑えられてきた」（同、1〜2ページ）とは到底いえません。

「危機意識を共有する」前提

　提言では、国、地方自治体、鉄道事業者の関係者間での「危機意識」の共有を提起していますが、共有の前提を確認する必要があります。国の関与の必要を述べる提言の文言を強調して引用すれば、JRローカル線は「地域においては古くから存在している基幹的インフラ」であり、「我が国の基幹的な鉄道ネットワークを形成する線区」もあり、「全国的な観点が必要」です。しかも、JRローカル線は「多くの地方自治体をまたがって存在していることが多く、地方自治体間の調整が難しいこと」もあります。「鉄道事業者からの情報開示」のあり方、情報不均衡の問題も指摘されています。

　このような点からみれば、「複数の経済圏・生活圏にまたがる鉄道については、国の主体的な関与が必要」であり、「国も沿線自治体と並んで重要な役割」を果たさなければなりません。「地方自治体からは、国のより積極的・主体的な関与を期待する意見も強く、国としてもこうした期待に応えていくべき」であるとの要望もだされています。JRローカル線は「大臣指針の考え方を基本としつつ、現状を踏まえ、国が主体的に関与しながら、沿線自治体とともに、その在り方について検討していくべき」であるという、提言とは異なる結論を導き出せるのではないでしょうか。

　国は社会的性格・役割をもつ鉄道ネットワークの維持を前提に、国と沿線自治体と鉄道事業者の役割分担を明示して危機意識を共有すべきです。

（安藤　陽）

Q3-3　法定の各協議会や任意の協議会、今後設定される特定線区再構築協議会では、どのような議論がなされるのですか？

4つの協議会

　現在、鉄道存廃関連の協議の場として、①鉄道事業法の廃止手続きでの代替交通確保協議会、②地元での任意の協議会、③地域公共交通活性化再生法の法定協議会、そして今回の有識者検討会で提起された④特定線区再構築協議会があります。鉄道事業法改正（2000年）で鉄道廃止に地元合意が不要になりました。その後、地域公共交通活性化再生法（2007年、2014年改正）と交通政策基本法（2013年）が制定され、「がんばる地域・事業者を国が支援する」とし、地元が手を挙げて法定協議会（③に該当）を立ち上げ、計画（「連携計画」、後の「網計画」）を立案した場合、特例的に通常の廃止手続きではなく進めるとしました。つまり、③と④が活性化再生法での新旧の枠組み、①と②が北海道内での廃止事例でみられた同法によらない協議手法となります。

廃止手続きとしての協議会

　まず、①の代替交通確保協議会（鉄道事業法第28条の2の規定、及び同施行規則）ですが、事業者が廃止届け出後に地方運輸局主催で行われ、1年後には自動的に廃止可能な制度です。その際、意見聴取者は運輸局職員（地方局課長級等）で、可否の判断事項が「代替交通が公衆の利便を損なう可能性があるかどうか」と「廃止の繰り上げが可能かどうか」のみを判断し、国土交通大臣に具申します。事実上、別な場での決定事項を「復唱するだけ」の単なる「追認の場」に過ぎません。また、具申後の大臣からの通知も、追認して許可することが通例であり、「何をもって、代替後バス運行計画が公衆の利便を確保もしくは損なうのか」に関わる「判断基準」が示されずに、恣意的な運用が可能です。なお実質議論がされる任意の協議会（②）については、Q3-5で触れます。

活性化再生のための協議会

　つぎに、③の地域公共交通活性化再生法の法定協議会ですが、沿線の関係自治体が手を挙げて設置され、その目的は地域公共交通計画の策定と実施となっています。その際、交通事業者や地域住民、関係行政機関などの利害関

係者が一堂に会して協議や調整を行い、立案された計画（「連携計画」、後の「網計画」）に対して国が支援します。そして、バスやタクシーのほか、鉄道、旅客船など、全ての交通モードが対象です。

　鉄道については、事業継続が困難（またはそのおそれのある）な旅客鉄道事業を対象に、沿線自治体等と鉄道事業者が共同で連携計画（のちの網計画）を立案します。国が認定すれば、現行の鉄道事業法では行えない「公有民営」の上下分離（沿線自治体等が鉄道線路を保有し、事業者に無償使用させる）や、国が鉄道事業法で採算性の許可基準を適用しないなどの特例が適用されます。この認定を受けた鉄道として、全国で10線区程度、具体的には福井鉄道、若桜鉄道、信楽高原鐵道、北近畿タンゴ鉄道とWILLER TRAINS、四日市あすなろう鉄道、山形鉄道、伊賀鉄道、養老鉄道（同管理機構）、三陸鉄道とJR東日本がありますが、鉄道の事例は少数で、「頑張る地域」のみ選択的に行われています。なお、国が「下」を持つことは想定されていません。

　むしろ③の法定協議会の大多数は、全国的にバスを対象にされていて、道路運送法を根拠とした「地域公共交通会議」と共通点が多く見られます。

新たな特定線区再構築協議会

　最後に、今回の提言で述べられた④の特定線区再構築協議会ですが、③の発展版であり、対策が拡充されます。今回焦点のJRローカル線について、沿線自治体のほか、事業者のJRも開催の申し出ができるようになり、また要請されれば国が積極的に前面に出ての関与が想定されます。ただ、輸送密度1,000人未満で協議開始や、平時に全日50人未満ならバス転換促進などの基準が、どのように運用されるのかは不透明です。

　そして、Q1-2で触れた社会資本整備総合交付金や地方公共交通再構築事業が大幅に拡充されるため、様々な対策ができそうです。しかし、「鉄道の存廃ありきではない」と強調され、また「インフラ」として考えないので国が「下」を持つことは想定外であり、このままでは鉄道廃止も相当数見込まれます。主要なJR路線は明治末期に国有化され全国的ネットワークを構成してきたものですが、現在ではそれを「担保」するものは、大臣指針（ガイドライン）しかありません。この点こそが、鉄道ネットワークの崩壊を危惧する最大の問題点です。　　　　　　　　　　　　　　　　　　　　（武田　泉）

Q3-4 北海道で廃線の方向が決められた地域の協議会ではどのような議論がされたのですか?

　政府は、2023年2月に、提言にある赤字線区の存廃を話し合う「再構築協議会」を国が主導して設置する法案を提出しました。この協議会は、実質的には多くの線区で廃止への条件づくりの場となり、全国のJR赤字路線の廃線が一気に強行されることが危惧されます。ここ数年来の北海道における「任意の協議会」(Q3-3の②に相当)がまさしくその役割を担わされました。

JR北海道の「維持困難線区」

　JR北海道は2016年11月に「当社単独では維持することが困難な線区について」という文書を出し、その全線区を、①JR北海道単独で維持可能な線区 (11線区1,150.7km) と、②単独では維持することが困難な線区 (13線区・1,237.2km) に分類しました。②はさらにA) 輸送密度200人未満の5線区 (赤線区) とB) 輸送密度200人以上2,000人未満の線区 (黄線区) にわけ、赤線区については直ちにバス転換に向けて協議を開始するとし、黄線区は地元負担や利用促進などについて協議したうえで営業継続の可否を判断するとしました。

　この直後に北海道庁は「鉄道ネットワーキングチーム」をたちあげ、「将来を見据えた北海道の鉄道網のあり方について」という答申をだしました。そこでは上の赤線区がほぼ該当する「地域生活を支える路線」はバス転換を検討するよう促すとともに、道庁に対してJR北海道と地域の協議に積極的にかかわるように勧告しました。この答申を受けて道庁は議会において「協議に入ることに慎重な自治体があることは承知している」としつつも「地域における検討や協議が進むよう……道としての役割を一層積極的に果たしてまいります」と答弁しています。こうした中で2017年には、それぞれの線区で沿線自治体を主な構成員とする協議会が設けられました (Q3-3の②に相当)。それらは名称や組織・運営なども一律ではありませんが、上の経過からいってJRと道庁の強い働きかけがあって発足したものといえます。

「赤線区」協議会における路線廃止・バス転換の受け入れ

　JR北海道は当初から、5つの赤線区 (石勝線夕張支線、札沼線、日高線〔鵡川

〜様似〕、留萌線〔深川〜留萌〕、根室線〔富良野〜新得〕）に当面のターゲットを絞って早期の廃線を目論んできました。このうち夕張支線については、夕張市（現北海道知事の鈴木直道氏が当時の市長）がJR北海道と単独で協議を行い早々に廃線を合意しました。残りの4線区のうち日高線については、2015年の災害の復旧をめざした協議会の場で、JR北海道は復旧工事着工の条件として復旧後の「持続可能性（赤字補塡）」を要求し、災害を利用した廃線の方針をうちだしました（Q5-6も参照）。このほかそれぞれの協議会における議論には曲折がありましたが、その議論の詳細は公表されていません。

　JR北海道はそれぞれの協議会において、線区ごとの赤字額を示し、これを沿線自治体が分担して負担するか、または線路・施設等を自治体が保有・維持（「上下分離」）することを求めました。しかしこれらの負担は、ただでさえ財政難にあえぐ小規模自治体にはとうてい不可能なことは明らかです。この点は、JRも道も国も認識していたはずですから、これは無理難題を押し付けて廃線の合意を迫ったものといえます。また当時の高橋はるみ北海道知事は記者会見において「赤字を穴埋めするための財政支援は国に求めず、道としても行わない」と、いわば梯子をはずす発言をしました（北海道新聞〔2017〕）。そうしたなかで協議会に参加した自治体首長たちは徐々に孤立し、バス転換に合意せざるを得ない状況が作られていったといえます。

「赤線区」協議会の教訓と再構築協議会、そして8つの「黄線区」

　これら北海道の「赤線区」の協議会は、いわば全国に先駆けた政治実験の場とされたともいえるでしょう。その手法は、将棋の雪隠詰めのように、逃げ道のないところに追い詰めて降参させるというものです。そこではJR、国、道は形式的にはあくまで地元の意向を尊重するという姿勢をとりながら、それぞれの責任を回避し、地元に出口のない選択を迫りました。今後想定される再構築協議会においては、国、道府県、JRが具体的な責任をどのようにとるかが問われます。そのさいなによりも重要なのは市民の声でしょう。その点で北海道の協議会のほとんどが非公開であったことが重大な弱点となったことを教訓とすべきです。また北海道では、輸送密度1,000人の基準のもとで「黄線区」のほとんどが今後再構築協議会の対象とされるとみられ、これに備える必要があります。　　　　　　　　　　　　（奥田　仁）

Q3-5　各協議会において沿線市町村の役割はどのようなもので すか？　一般の鉄道利用者の声は、なぜ届きにくいのですか？

そもそも協議会運営のあり方とは

鉄道という「インフラ」に関係する存廃を議論する「協議会」のあり方は、内容が多岐にわたるため結局、地方政治に委ねられているのが実情です。設置の手法、構成メンバーの選定方法、議論の方法、国（地方運輸局など）の関わり方、議会への説明、住民への情報公開と意見聴取の手法など、「政治的過程」が問われるものです。

実質審議の協議会（任意）と追認の協議会（公開・法定）

Q3-3でも述べた①の「代替交通確保協議会」は、法定で公開と言いながら意見陳述・傍聴とも運輸局のHPをこまめにチェックして、10日間程度のうちにFAXで申し込み、重大な利害関係者でなければ陳述できず、発言は10分間に制限されます。また、一般の住民・利用者が陳述に至るケースも限られ、あまり報道されないこともあります。このため「追認」の場としか言いようがない「協議会」です。一部には沿線自治体がそろって積極的で、主体的に手を挙げて地域公共交通活性化再生法での法定協議会を立ち上げたケースも見受けられますが、少数に留まっています。

むしろ、実質的に鉄道の存廃を決めるという重要な意思決定の場である地元での協議会（②）は、実は「地元調整」という形で任意で開催されて、廃止の場合地元自治体の合意が必要で、事実上の「条件」ですが、法令上は明文化されていません。また、鉄道存廃の協議が「任意」で行われているため、公開が不十分で、報道の「ぶら下がり取材」が横行し不正確な情報が流れ、「密室性」を助長する原因となっています。その協議会も、沿線等の地元行政が主体となって既存の複数自治体による協議会等の枠組みを活用することが多く、地元での政治的力関係や首長の発言力が微妙に作用し、権謀術数に翻弄された結論になることもあります。

会議の進め方では、首長による協議会本会議と、課長級担当者による幹事会の両方が設定されます。特に北海道内では、北海道庁が事務局となって、基本的に沿線自治体だけで協議会を構成する設置要綱が通例です。このため、

創意工夫などの民間的発想に乏しく、往々にして行政だけでの型通りの議論となります。その結果、主に自らの区域内の課題や財政負担額や負担割合、最終的に金をいくら出すかなど、財政負担の多寡に議論が矮小化され、鉄道を事実上「厄介払い」しようとします。

　この点、道外の本州方面では、協議会のメンバーとして自治体以外の商工会・観光協会・PTAなどの広範な参加で、様々な有益な活用法に関する意見が出される状況とは対照的です。さらに、一般住民からの意見聴取が廃止決定後になって一方的な伝達の場となり、広域の鉄道利用者の意向の反映の場は全く想定されていません。そもそも、今回俎上に上がっているようなJRのローカル線は、国鉄末期に「除外規定」により存続されてJRに移行し、歴史的には明治末期の鉄道国有化を経て形成された全国ネットワークを構成する線区もあり、貨物輸送に不可欠な線区もあります。にもかかわらず意見の反映できるのは、沿線住民に限られています。

　そして、鉄道の活用促進や維持へ向けて、多大なエネルギーをかけての国や都道府県庁との交渉や、国の鉄道施策の細部が未決定な状況を見越して、地元側から国への逆提案することは、なかなか見受けられません。このような地元の姿勢は、熱意や明確な信念がない限り、鉄道運営の仕組みの複雑さから、積極的に関与しようとしないため、公共交通だけでなく地域「自体」の衰退を招きかねません。そもそも当該自治体に、鉄道や交通の専門知識を有する職員が不在なこともみられ、また担当者の在任期間が短く理解が進まないまま異動するなど、担当者の専門性の希薄さも見受けられます。

法改正がされず時代遅れな交通・インフラ分野の議論

　IT社会の今日、さまざまな分野で市民参加や情報公開が進み、広く意見を募集するパブリックコメントも行われます。例えば環境や河川の分野では、法改正も行われた結果、市民参加が制度化されているのに、鉄道や道路など交通やインフラの分野では、専門知識などを理由に「民主主義」の道筋が一向に担保されていません。このような点が、恣意的かつ密室議論の温床となるなど、著しく立ち遅れていると言わざるを得ません。役所の都合ではなく、住民や利用者本位の交通体系が構築されるようにすべく、制度変革が望まれます。

（武田　泉）

Q3-6 改正地域公共交通活性化再生法の「協議運賃制度」とは どのような運賃制度ですか？

現在の鉄道運賃の決め方

現在の鉄道事業法では、運賃と新幹線の特急料金に対して、総括原価方式の一種である、総括原価にもとづく上限運賃制によって運賃・料金が規制されています。

総括原価方式は、日本では多くの公益事業で適用されてきた料金規制方式です。これは、事業を安定的に行うために必要であると見込まれる費用に利潤を加えた額（総括原価）と収入が等しくなるように、料金を規制するものです。この規制は、独占力が強い公益事業において、事業者が過度の利益を得ることを抑制する一方で、事業に必要な費用を料金収入で確保することを目的とするものです。交通分野では、鉄道のほかにも路線バス（高速バス等一部例外あり）やタクシー、離島航路で適用されています。

鉄道の場合は、都市部の鉄道や一部の新幹線では独占力が強い一方で、交通機関相互の競争も存在します。そのため、総括原価を上限とすることで利益が出過ぎないようにするとともに、競争にも対応できるよう、上限運賃を下回る運賃は鉄道事業者の経営判断で設定できるようにしています。

協議運賃とは

協議運賃は、2023年4月21日に国会で可決・成立した「地域公共交通の活性化及び再生に関する法律等の一部を改正する法律案」のうち、鉄道事業法と道路運送法の改正案に、根拠となる条文が織り込まれていました。協議運賃制度は、路線バスではすでに2006年に導入されていますが、これが鉄道とタクシーにも拡大されました。

協議運賃制度は、法定協議会等で地域の関係者間の協議が整った場合、国土交通大臣への届出による運賃設定を可能とするものです。協議運賃の下での鉄道運賃は、地方自治体や鉄道事業者、地域住民や利用者の協議によって定められます。ただし、協議運賃が適用される路線の総括原価を上回る運賃は設定できません。また、鉄道事業者には当該路線の収支状況を公開するこ

とが義務付けられます。

協議運賃が果たす役割

　鉄道やタクシーに先行して協議運賃が導入された路線バスでは、協議運賃がコミュニティバスを普及させる役割を果たしています。

　コミュニティバスは、1990年代半ば以降盛んになった路線バスの運行形態です。地方自治体が主導して、交通空白地域・不便地域の解消や、既存の路線バスが撤退した後の代替交通の確保を目的としています。コミュニティバスでは、総括原価方式で運賃が決められる既存の路線バスとは異なり、地方自治体からの補助金によって、地域の実情に応じた運賃水準やサービスレベルが設定されています。こうした運賃設定を実現させるのが、協議運賃制度です。

　鉄道の協議運賃制度でも、同じような役割が期待されます。地方自治体の補助を前提に、鉄道沿線の実情に応じた運賃水準やサービスレベルの設定が期待されます。とくに公設民営方式による鉄道運営では、運賃収入に依拠した収支採算性を前提としない鉄道運営ですので、協議運賃の適用が望ましいといえます。鉄道と並行する路線バスとの共同経営において共通運賃制度を導入する場合も、手続きの簡略化が図られます。また、運輸連合や交通連合を設立して地域の公共交通を一元化し、モードを問わない共通運賃制度を導入する場合も、総括原価によらない運賃設定が求められることから、協議運賃制度が欠かせません。

協議運賃制度の問題点

　協議運賃制度は様々な可能性を秘めています

　しかし、適用される路線の総括原価に近い運賃を設定すると、運賃が著しく高騰する危険性があります。

　また、JRで協議運賃制度を導入する場合は、協議運賃の下では異なる運賃計算ルールが認められるため、JR各社で運賃計算ルールを共通にするという原則に影響する恐れがあります。

　協議運賃制度にはメリットもありますが、こうした問題も踏まえて運用する必要があります。
（下村仁士）

4 国の責任と役割に関する Q&A

Q4-1 国は1999年の鉄道事業法改正で鉄道の廃止を促進してきたのではないですか？

Q4-2 地域公共交通活性化再生法や交通政策基本法で「地域モビリティの刷新」はされなかったのですか？

Q4-3 「鉄道事業再構築事業」で鉄道の維持は可能ですか？

Q4-4 「上下分離」方式で鉄道の再生は可能ですか？

Q4-5 鉄道と道路の予算配分の見直しが必要ではないですか？

Q4-6 国の縦割り行政が鉄道施策に悪影響を与えているのではないですか？

Q4-7 提言で地域公共交通は「デジタル田園都市国家構想」の実現に不可欠な存在と述べていますが、本当にそうですか？

Q4-8 「『頑張っている地域』を応援する」だけで鉄道は存続できるのですか？　国の責任と役割があるのではないですか？

Q4-9 JR貨物は全国鉄道網を前提に、国が責任をもって運営に関与すべきではないですか？

Q4-10 提言では、協議会はローカル鉄道の廃止あるいは存続を前提に開催すべきでないとしていますが、本当ですか？

Q4-1 国は1999年の鉄道事業法改正で鉄道の廃止を促進してきたのではないですか？

　1987年の国鉄分割・民営化が、今日の地方鉄道経営問題に影響を与えているといえます。もちろん、当時の鉄道を取り巻く政治経済状況抜きに国鉄分割・民営化を語ることはできません（Q1-7、Q1-8参照）。

鉄道事業法の制定
　国鉄分割・民営化に際して、従来行われてきた鉄道規制のあり方が大きく変更されました。形式的には、国有鉄道が最終的には民間会社に転換されるのですから、日本国有鉄道法ではなく、それまで私鉄に適用されてきた地方鉄道法がJR各社に準用される道もあり得たかもしれませんが、それにしてはJR各社は複雑に過ぎる経営組織となっていました。この複雑なJR各社と旧私鉄会社を鉄道事業として一括して規制するため、新たに鉄道事業法が制定されることになりました（1987年）。同法の内容で特に重要なのは、鉄道事業を三種類に分類した点にあります。三つの事業区分の規定は少々回りくどい言い回しになっていますが、要するに、第一種鉄道事業＝自ら所有する鉄道線路によって列車運行する事業、第二種鉄道事業＝他者が保有する鉄道線路を使用して列車運行する事業、第三種鉄道事業＝自らが建設保有する鉄道線路を第一種鉄道事業者に譲渡するか、あるいは第二種鉄道事業者に使用させる事業ということになります。同法によって、わが国に上下分離のしくみを導入する道が開かれたといえます（Q4-3、Q4-4参照）。

鉄道事業法の改正
　同法によって、車両検査や保線のあり方などの基準緩和（安全規制の緩和）が進みましたが、需給調整規制や運賃規制の緩和は進みませんでした。1997年の改正では、総括原価主義のもととはいえ、上限価格制が導入され、運賃規制が緩和されました。また、1999年の改正によって、鉄道事業への参入・退出規制が緩和されることとなりました。とりわけ、旅客鉄道事業の退出（廃止）について、従来の許可制が原則1年前の事前届出制に改められたことは、今日の廃線問題に直結する法的根拠が与えられたことを意味します。運

輸大臣（2001年1月からは国土交通大臣）は、退出後の沿線地域住民の交通利便の確保に関し、関係自治体や利害関係人から意見を聴取することとされていますが、その結果、「公衆の利便を阻害するおそれがない」と運輸大臣が認める場合は、1年を経過せずとも廃止できるとされています。つまり、地元自治体や住民の意見は聴くことになってはいますが、それによって廃止届自体を撤回させることを意図した内容とはなっていないのです。

　このような法改正を受けて、2001年度以降、鉄道路線の廃止が相次いでいます。たとえば、鉄道路線の廃止は、国鉄分割・民営化以前に確定していた特定地方交通線45線区1,846.5kmの廃止（バス転換）を除いても、1988年度以降、今日まで1,431.1kmにのぼっています。このうち、規制緩和が行われた2001年度以降に廃止された路線は、1,152.9kmに達しており、鉄道事業法改正が路線廃止の後押しとなったことがよくわかります（桜井〔2022〕参照）。

　その後、JR西日本福知山線列車脱線事故（2005年4月25日）等を受けて、安全性の向上を法の目的に追加する改正が行われ（2006年3月31日）、また、地域公共交通についても、民間事業者に委ねるだけでなく、地方自治体が積極的に関与する形の地域交通再生事業が展開される事態を受け、これらを法的にも支援する必要から、地域公共交通活性化再生法（2007）が制定されます。

　このように、鉄道路線廃止への流れが基調となっていたとはいえ、存続や改革をめざす地域自治体や市民の運動も存在しました。しかし、国の政策は、自治体等を支援することが中心であって、自らが責任をもって公共交通を立て直していこうとするものではありませんでした。新幹線や都市圏鉄道等を別とすると、地域鉄道事業に対する国の姿勢は、一貫して消極的であり、赤字路線を廃止することは、市場競争重視の経済政策からは当然の結論であったといえます。そこでは、国が主体となって住民の利益を守るという公共原則は主眼とされてはいないのです。

（小坂直人）

Q4-2　地域公共交通活性化再生法や交通政策基本法で「地域モビリティの刷新」はされなかったのですか？

地域公共交通活性化再生法や交通政策基本法での「地域モビリティ」

　地域公共交通活性化再生法や交通政策基本法では、「地域モビリティ」という言葉は用いられていません。2020年の地域公共交通活性化再生法の法改正で、「新モビリティサービス」として、条文に「モビリティ」という言葉が出てきましたが、これはMaaSの推進を目的としています。MaaS（Mobility as a Service）とは、ICTを活用して交通をクラウド化し、公共交通か否か、またその運営主体にかかわらず、マイカー以外のすべての交通手段によるモビリティ（移動）を1つのサービスとしてとらえ、シームレスにつなぐ新たな「移動」の概念です。

　一方で、「地域モビリティ」に似た言葉として国土交通省は「地域のモビリティ（移動の利便性）」を用い、2008年から総合政策のひとつと位置づけています。そこでは「地域のモビリティ確保」への取り組みが示されるようになりました。「一人一人のアクティビティ（活動量）の質と量を向上・拡大し、交流と連携を活性化することにより、『自立的な地域の形成』にもつながります」と指摘しています（国土交通省「地域モビリティ確保支援」）。

　ところで、地域公共交通活性化再生法の目的や、交通政策基本法の基本認識は、次のように示されています。

　地域公共交通活性化再生法では、法の目的として、地域公共交通の活性化・再生の目的として、地域住民の自立した日常生活及び社会生活の確保、活力ある都市活動の実現、観光その他の地域間の交流の促進、交通にかかわる環境への負荷低減を掲げています。また、交通政策基本法が示す基本認識には、国民等の交通に対する基本的な需要が適切に充足されることが重要であることが示されています。そこからは、地域公共交通活性化再生法と交通政策基本法が、地域のモビリティ確保を目指した法律であることが示されます。

なぜ「地域のモビリティ確保」ではなく「地域モビリティの刷新」なのか

　提言では、地域モビリティの刷新を「単なる現状維持ではなく、真に地域

の発展に貢献し、利用者から感謝され、利用してもらえる、<u>人口減少時代に相応しい、コンパクトでしなやかな地域公共交通に再構築していく</u>」（提言、2ページ。下線部引用者）という観点から取り組むべき施策としています。そして、「単なる現状維持では」ない「人口減少時代に相応しい、コンパクトでしなやかな地域公共交通に再構築」するために、地域の実情に対応した新たな輸送サービスの導入に関する支援メニューを例示するとしています。

　具体的には、鉄道からBRT（Bus Rapid Transit：バス高速輸送システム）やバスへの転換や、BRTやバスが鉄道と同等かそれ以上の利便性と持続可能性を確保することに対して、必要な支援を行うとしています。

　提言では、ローカル鉄道の持続可能性を否定的にとらえ、鉄道の維持に消極的な姿勢を示します。また、BRT化やバス化を、人口減少社会に相応しい、コンパクトでしなやかな地域公共交通として積極的に評価し、推進する姿勢を示します。「地域のモビリティ確保」では、ローカル鉄道の廃止推進に結びつけることができないために、「地域モビリティの刷新」という、新しい言葉を用いたものと思われます。

　地域のモビリティ確保と地域モビリティの刷新は、異なる概念です。提言を通じて、国が地域のモビリティ確保ではなく、地域モビリティの刷新へと方向を切り替えようとしていることに、注意する必要があります。

地域のモビリティ確保は行われているのか

　地域公共交通活性化再生法や交通政策基本法は、地域のモビリティ確保を目的としますが、地域モビリティの刷新は目的としていません。

　ところで、ローカル鉄道では、列車の減便や減車、優等列車の削減・廃止、駅の無人化、投資の抑制や先送りなどが行われ、その結果利便性の著しく低下し、さらなる利用者の減少という悪循環が生じています。こうした状況では、地域のモビリティ確保すら行われていません。　　　　　　　（下村仁士）

Q4-3 「鉄道事業再構築事業」で鉄道の維持は可能ですか？

鉄道事業再構築事業とは

「鉄道事業再構築事業」は、地域公共交通活性化再生法に定められた事業で、2008年の法改正で追加されました。

2007年に地域公共交通活性化再生法が施行されたときには、ローカル鉄道の支援に特化した制度は、「鉄道再生事業」しかありませんでした。鉄道再生事業は、廃止届出がされた鉄道に対してのみ適用可能です。この制度は、廃止届出がされた鉄道を地方自治体等の支援を入れて維持する位置づけであることが問題視されてきました。

鉄道再生事業は延命措置的な制度であり、実際、地域公共交通活性化再生法が施行されて15年以上経ちますが、鉄道再生事業の適用事例は存在しません。

鉄道事業再構築事業では、鉄道再生事業の問題点への対処が行われました。すなわち、鉄道事業再構築事業では、維持困難又は困難となるおそれがある鉄道を対象に、経営の改善を図り、地方自治体等の支援を入れ、事業構造の変更を行うことで、鉄道の維持を図ります。

鉄道再生事業との大きな違いは、鉄道事業再構築事業では、鉄道の維持が困難になる前に事前に手を打つことが可能であること、また鉄道の廃止を想定していないことです。事業構造の変更を求めていることも大きな特徴です。とくに、鉄道事業再構築事業では、鉄道事業法の本来の規定では実施できない「『公有民営』方式の上下分離」を適用可能にしました。ここでいう「『公有民営』方式の上下分離」とは、地方自治体が鉄道線路を保有し、これを運行事業者に無償で使用させるものです。

鉄道事業再構築事業は、2009年以降12件の鉄道事業再構築実施計画が認定され、実施されています。これらの実施計画では事業構造の変更が行われていますが、各実施計画での事業構造の変更形態は、図2-7のように整理することができます。

「鉄道事業再構築事業」に対する評価

鉄道事業再構築事業の導入前も、ローカル鉄道を維持するために、上下分

図2-7　鉄道事業再構築事業での事業構造の変更形態

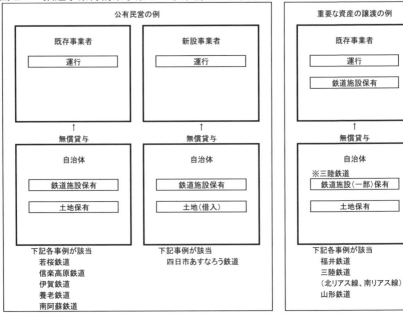

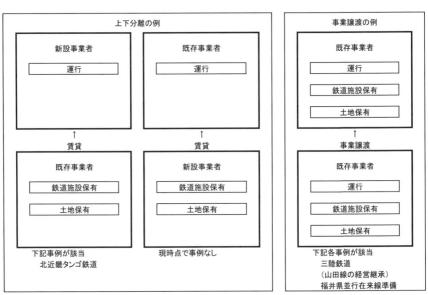

資料：国土交通省資料をもとに筆者作成

離方式、重要な資産の譲渡、事業譲渡といった手法がとられてきました。鉄道事業再構築事業は、こうした手法を制度化したものです。

　上下分離方式や重要な資産の譲渡では、巨額な固定費負担から鉄道事業者を開放し、経営の改善を図ります。事業譲渡では、より地域に密着したローカル鉄道経営を目指します。こうした制度は、実務レベルで「使いやすい」ことから、ローカル鉄道の存続の観点からは一定の評価が可能です。

　また、公有民営方式の導入にも注目することができます。鉄道事業再構築事業の適用対象ではありませんが、JRが経営するローカル鉄道でも、JR東日本只見線（会津川口〜只見間）とJR九州長崎本線（江北〜諫早間）で、公有民営方式が用いられています。

鉄道事業再構築事業の問題点

　ここでは、問題点を二つに絞って取り上げます。

　ひとつは、国の関与がまだ限定的であることです。国の役割は施設整備費用等の補助にとどまります。ことにJRが経営するローカル鉄道は、日本の在来線の基幹的鉄道網を構成しますが、こうした鉄道に対して、地域社会が巨額の資金負担を不安視し、鉄道の維持に消極的になることも考えられます。

　鉄道の維持を地域社会にのみ委ねるのは不適切です。福井県並行在来線準備の事例では国が関与していますが、それでも国がインフラを担う形のような公有民営方式の適用ができないことは問題です。

　もうひとつは、鉄道事業再構築事業に限らず、日本の公有民営や上下分離では、鉄道輸送サービスを供給する責任や義務の担い手が、欧州諸国での公共交通運営とは異なることです。欧州諸国では、インフラの保有主体や公的部門が鉄道輸送サービスを供給する責任や義務を負い、列車の運行主体は鉄道輸送サービスを供給する責任や義務から解放されます。しかし、日本の場合は、公有民営といっても、インフラの保有主体や公的部門はこうした責任や義務を負わず、むしろ列車の運行主体がその責任や義務を負います。

　鉄道事業再構築事業はローカル鉄道の維持に貢献していることは確かですが、問題点も無視できません。鉄道事業再構築事業だけではローカル鉄道の維持ができるとはいえません。

（下村仁士）

Q4-4　「上下分離」方式で鉄道の再生は可能ですか？

提言における「上下分離」

結論的に言えば条件付きで可能ですが、問題はその内容です。

検討会提言では、上下分離は、「地方自治体等が鉄道事業者に代わって鉄道施設や車両を保有する」方式であり、この方式によって、「鉄道事業者は施設・車両等をオフバランス化（貸借対照表から切り離し）でき、減価償却費や固定資産税の負担がなくなることに加え、仮に地方自治体等の判断により施設・車両等の使用料が減免又は無償化されれば、経常収支も改善され、事業改善や新規投資のための余力が生まれてくる」（提言、19ページ）と、上下分離によって、鉄道の再生が可能と考えられています。

上下分離の法的根拠と実例

上下分離の法的根拠は国鉄分割・民営化と同時に成立した鉄道事業法にあります。同法は、鉄道事業を、「下」（線路や信号などのインフラ施設）と「上」（車両による旅客や貨物の運送事業）の保有関係から次の三種類に区分します。①上下一体の第一種鉄道事業、②「下」は保有せず、第一種鉄道事業ないしは第三種鉄道事業の「下」を借りて「上」の運送事業のみを行う第二種鉄道事業、③「下」のみを保有し、それを第一種鉄道事業や第二種鉄道事業に使用させる第三種鉄道事業です。

上下分離は、第一種鉄道事業者のJR旅客会社とその線路施設を借りて貨物事業を展開する第二種鉄道事業者であるJR貨物会社や、第三セクター鉄道の青い森鉄道と青森県の間で見られるだけでなく、都市鉄道でも見られています。

ローカル鉄道再生手段として上下分離が注目されたのは、地域公共交通活性化再生法改正で鉄道事業再構築事業が規定されてからです。第三種鉄道事業者である自治体と第二種鉄道事業者の間でインフラ施設の無償貸付を行うという公有民営方式や、第一種鉄道事業者のまま、鉄道用地を自治体に譲渡するというみなし上下分離などの形態も採用されました。

こうした上下分離は、たしかに提言が言うように、インフラ施設の資本費割合が高い鉄道事業の経営には負担軽減効果を発揮します。と同時に、自治

体によるインフラ施設の保有は、地域における住民の足であり、社会基盤であるという鉄道事業の公共的性格が明示されてきたという意味でも大きな意義を有します。その決定の背景には、地域路線を守るという広範囲な住民の支援が存在したことも見過ごしてはなりません。

日本的上下分離の問題点

しかし、同時に、こうした上下分離には次のような問題があります。

第1は、とくに鉄道事業再構築事業の場合、その許可に際して、鉄道事業の収支均衡ないしは独立採算制が前提とされていることです。この点は、有識者検討会が実施したアンケートでも触れられています。

第2は、自治体財政負担の増加です。財政的余裕が全くない自治体では上下分離はできません。上下分離を実施した自治体も、ギリギリの判断でおこなった所が多く、今後とも財政負担に耐えられるか不明です。上下分離が多彩であるのは、自治体の財政状況が勘案されているからです。

こうした不安定な状態を是正するには、ヨーロッパにおける経験（Q5-7参照）から学ぶことが必要です。

ヨーロッパにおける上下分離

ヨーロッパでも、「インフラと経営」の分離という名称で、1990年にEU指令が採用されて以降、上下分離が行われています。当初は、会計的分離、組織的分離、制度的分離の3形態のいずれかの採用が規定されていましたが、最近では、組織的ないし制度的分離が強制となっています。

しかし、次の点で、わが国とは異なっています。第1は導入の意図です。それは、道路と自動車の関係と同じように鉄道を上下に分離することにあります。競争の平等化（equal footing イコールフッティング）とインフラの自由開放の観点が含まれているのです。第2は範囲と規模です。わが国のように、個々の路線、あるいは経営悪化の路線だけでなく、一国規模で行われています（都市内路線は自治体所有）。第3は、インフラを保有する事業者は公的主体であるとともに、ダイヤ設定などの経営も行います（桜井〔2021〕）。

わが国でも、国による一元的な上下分離が求められます。そのことによって、鉄道の再生も可能になると思われます。 （桜井　徹）

Q4-5　鉄道と道路の予算配分の見直しが必要ではないですか？

鉄道と道路の予算規模の圧倒的な違い

　道路に投入される国の財源は、既に道路特定財源が廃止されてはいるものの、依然として道路予算は各年度の公共事業費で最大で半数以上を占め、そのシェアはあまり変わることがありません。国費ベースで鉄道と道路の財源を比較した場合、道路は2兆円規模と、鉄道よりも2桁多い数値とされます。

　国の鉄道財源では、整備新幹線の建設費を除くと一般財源が申し訳程度にあるのみで、民間である鉄道事業者が自ら負担することが原則になっています。このため、バリアフリー財源を新たに運賃値上げという形で利用者負担を求めたことも、記憶に新しいところです。

鉄道と道路は別々の財源

　海外では、鉱油税を鉄道等の公共交通に充当することが通例です。しかし日本国内では、そうした財源の転用についての議論は、従来いつもかき消されてきました。道路整備財源はガソリン税等を原資にしており、財源額の多寡は触れずに全額を道路利用者に還元すべきとの主張が根強くされてきました。このため、鉄道等の公共交通維持や改善の予算はごく限られ、別の大きな「財布」が隠されていても、それを使わせようとはしない状況にあります。

　道路予算は、特定財源が外れて以降も厳然と存在し、国の予算編成での公共事業関係費では最大のシェアで、その割合は毎年ほとんど不変です。公共事業関係費の内訳で、「港湾空港鉄道等」の項目がありますが、港湾と空港を足した額が全てであり、鉄道には、整備新幹線を別にすると、在来線で都市・幹線鉄道等の整備に若干計上されているのみです。とりわけ、特殊性が認知された北海道と沖縄では、予算編成上の特例があって建前上は総合的に予算編成が可能です。しかし、「北海道開発予算」として開発計画に直結する事項は道路等中心の立案となっていて、それらこそが地域振興を支えるとされています。

国鉄消滅の悪影響

　次に、戦後存在した日本国有鉄道（公社）の消滅による不幸です。この国

鉄は、権限・予算の面でも国と同格でしたが、国鉄改革の際その権限も含めて、ほぼすべてがJR各社へと引き継がれました。国（＝現在の国交省鉄道局）に残された権限は、鉄道事業法等での「規制」権限や「監督」権限であり、予算・財源を伴っていませんでした。

　このため、整備新幹線を別にすると、JR化後の「下」にあたる鉄道施設整備はごく限られ、投資効果との兼ね合いで考えられたような、国鉄時代の資産を活用した最小限の整備等に限られています。JR時代の新線建設や電化・複線化は、地元負担や補助が前提となっていて、限られた事例に留まります。

軌道法や街路事業の活用で鉄道インフラの「下」を国が持つ突破口に

　こうした縦割り状態の鉄道と道路について、両者を横断するような予算・制度は存在しないのでしょうか。その候補として、国交省都市局所管の「街路事業」が挙げられ、事実上鉄道と道路を「繋ぐ」事業となりえます。特に、鉄道と道路の立体交差事業（単独立体交差や連続立体交差＝高架化）や、都市計画上の特殊街路事業としての、駅の自由通路や駅前広場の整備、エスカレーターや地下道、高架横断歩道デッキの整備等が挙げられます。それらは、都市計画区域内で都市計画決定が必要ですが、全国各地の地方部でも、同区域内の立体交差は盛んに進められています。予算の出所（財布）が違い、ガソリン税を原資とした道路予算だからこそなせる業です。

　これらの現状を踏まえると、道路予算を鉄軌道にも使う方法として最も手っ取り早い方法は考えられないのでしょうか。現行の「鉄道事業法」は、地方路線にとっては規制が厳しすぎるので、地方の実情に合わせた新たな法体系が必要であり、その際「軌道法」の要素を含ませ、準拠法令を変更することが考えられませんか。軌道法は、道路局と鉄道局の共管で、道路用地にもレールを引けるという法律で、実際都市モノレールや路面電車のインフラ部分が道路と見なされて、既に道路予算を充当可能となっています。このため、この手法を地方路線の維持スキームのメニューに加えて、「上下分離」の際の「下」の部分を国が持たせられる根拠付けにできないか、十分に検討してみる必要があります。

（武田　泉）

Q4-6　国の縦割り行政が鉄道施策に悪影響を与えているのではないですか？

鉄道と道路でのインフラとしての性格の違い

　鉄道は、民営化の結果JRも含めて「民間」事業が原則の「公益事業」とされます。その背景には、利用の際運賃が取られて、支払った人のみが利用可能という、「排除」原則が適用可能だと説明されてきました。一方道路は、国を含めた行政が行う必要不可欠な「公共事業」と整理され、その根拠の一つが誰でも利用可能で制限するとなると多大なコストを要するという「非排除性」が、取り沙汰されています。

　ところが、その両者の相違はその時代の価値観や考え方によるものであり、明確に区分できないものと考えられるべきです。例えば、近年地方部で盛んに建設されている「無料高速道路」つまり「高規格道路」は、IC（インターチェンジ）が限られており、いくらでも「排除」が物理的に可能であっても、予算上・書類上は「一般国道のバイパス建設」と整理され、議論が希薄なまま予算化され、道路建設が行われています。

道路と鉄道—縦割りの構造

　歴史的には鉄道と道路を所管する行政が別々で、縦割り構造が厳然と続いています。現在のように両者が国土交通省に統合されても、鉄道局・道路局の局益等の縄張り意識が厳然と存在し、人事交流もあまり深まっていません。行政改革以前は、運輸省と建設省に分かれ、変遷はあるものの基本的には戦前の鉄道省と内務省以来の縦割り構造が続いています。行政改革で国交省に統合されて10年以上が経過しましたが、地方ブロックごとに、旧運輸省系（鉄道局）の運輸局と、旧建設省系の整備局（道路局、北海道は開発局）と、出先機関が別々に併存しています。

全国でローカル線に並行して自動車専用道路が多数建設中

　道路行政側は、全国的な幹線道路網の計画面でも鉄道への影響を考慮なり意識することはほぼ皆無で、「ガソリン税」という独自の財源があるため、陳情すれば道路整備が実現するという構図が形成されてきました。

例えば四全総（「第四次全国総合開発計画」1987年6月）において、全国の骨格となる14,000kmの高速道路網計画が立案され、「全国一日交通圏」が提起されました。そして、欧米先進国と比べ日本国内の高速道路整備率は「極端に低い」とされ、道路公団（現在の各高速道路会社）による地方部への高速道路建設へと邁進しました。その後、地方部の一部を除き、現在では14,000kmの全国骨格高速道路網は概成し、今後は地方部の支線部分の建設となりました。特に、有料ではない「無料高速道路」が全国各地で建設されています。このため、高速道路以外も含めた「高規格幹線道路」と整理され、それらには「新直轄方式の高速道路」、「高速道路に並行する一般国道自動車専用道路」、「地域高規格道路」等が該当し、一般国道や都道府県道の一部も含みます。2021年には、さらに「広域道路整備計画」の見直しで「一般広域道路」なる区分が登場し、「高規格幹線道路」以外の一般国道等もさらなる「高規格化」を目指しています。

　これらの道路建設は、全国で当初は10kmに満たない短区間で着工され、その後「飛び飛び」なので「繋げるべき」として徐々に各地へ予算がばら撒かれ、様々な区間で建設されています。特にここ数年、全国各地で多数の「地域高規格道路」等が建設され、ほぼ並行して廃止対象のJRローカル線が存在しています。例えば、芸備線沿線（江府三次道路・鍵掛峠道路、書類上は国道183号改築事業）や、北海道内では留萌線と深川留萌道、石北線と旭川紋別道、日高線と日高道があげられます。陸羽西線（山形県）では、並行する新庄酒田道路のトンネル工事が国道47号線の改良工事の名目で鉄道を2年間止めて行われます。ローカル線が2年間も災害で復旧できずに止まれば、利用者が大幅減少した事例は多数見られるのに、地元沿線ではその工事を静観するだけで、鉄道の維持に積極的に対応していないようにも見えます。

　また、道路側が地元と協調して設置・認定する「道の駅」についても、鉄道駅と合築または近くにあるケースは全国で十数例に留まり、線路に「背を向けた」道の駅も全国で見受けられます。さらに北海道内等では、ドライブ推奨の「シーニックバイウェイ」（風景街道）施策も展開され、鉄道には目を向けない地元商工業者等も見受けられます。こうした、「鉄道を除外」した地域振興・活性化策が推し進められ、税制上の優遇もされず、並行する鉄道の衰退に大いに拍車がかかっているのが実情です。　　　　　　（武田　泉）

Q4-7 提言で地域公共交通は「デジタル田園都市国家構想」の実現に不可欠な存在と述べていますが、本当にそうですか？

岸田内閣「新しい資本主義」の成長・分配戦略

デジタル田園都市国家構想（以下、「D都市構想」）は、岸田内閣が掲げる「新しい資本主義への転換」の中で提起され、それに関連づけて地域公共交通の存在が提起されています。

岸田文雄首相は、2021年12月の臨時国会・所信表明演説で「1980年代以降、世界の主流となった、市場や競争に任せれば、全てがうまくいく、という新自由主義的な考えは、……多くの弊害も生みました。市場に依存し過ぎたことで、格差や貧困が拡大し、また、自然に負荷をかけ過ぎたことで、気候変動問題が深刻化しました。……世界では、弊害を是正しながら、更に力強く成長するための、新たな資本主義モデルの模索が始まっています。我が国としても、成長も、分配も実現する『新しい資本主義』を具体化します」と述べています。ただし、安倍政権の経済政策である「金融緩和＝ゼロ金利」、「機動的な財政出動＝国債発行と支出拡大」、「成長戦略＝規制緩和等」の基本路線は維持しつつ、これらに修正を加えた「新しい資本主義への転換」を主張しました。

その内容は、新しい社会的課題の解決を成長エンジンに転換するためのもので、①科学技術によるイノベーション、②「D都市構想」、③気候変動問題、④経済安全保障を戦略にあげています。また、分配戦略では、①看護・介護・保育・幼児教育分野の給与引き上げ、②民間企業の賃上げを支援するための環境整備（税額控除）など、人への分配を重視するとしています。これに加えて「男女が希望通り働ける社会づくり」、「社会保障による負担増の抑制」によって分厚い中間層を取り戻すとも述べています。

デジタル田園都市国家構想と地域公共交通

それでは新しい資本主義の成長戦略としての「D都市構想」とはどのようなものでしょうか。このルーツは、イギリスの都市計画家E.ハワードが都市および農村の魅力を併せもち、均衡のとれた地域社会の形成を提唱した「田園都市国家構想」（1898年）にあります（Howard〔1898〕）。これを参考に大平

正芳元首相はわが国の均衡ある地域発展の実現に向けて「大都市〜地方都市〜農山漁村が多層的かつ相互補完的に一体となったネットワーク形成によって、都市に田園機能を、田園に都市機能を持たせる田園都市構想」を提唱したのです。岸田内閣の「Ｄ都市構想」は、同じ派閥の大先輩である大平元首相の「田園都市構想」と菅義偉前首相の目玉政策「デジタル・ニューディール」を合体したものといわれています。

　内容はデジタル技術の活用を通じて、リモートワーク等による地方格差の是正、地域の暮らしや社会の変革、豊かな暮らし（Well-being）と持続可能な環境・社会・経済の実現を目指すものとされており、その技術の活用を否定するものではありません。これまでも同じような内容の地域づくり政策が沢山ありました。安倍政権下での「地方創生〜まち・ひと・しごとで地域を活性化」、先端技術を活用し、エネルギーや交通網などのインフラを効率化し、生活やサービスの質を向上させ、人が住みやすい都市をつくる「スマートシティ構想」、交通、支払い、医療など、あらゆる生活に関わる分野のデータを連携させ、都市機能を最適化することで住民生活の向上をはかる「スーパーシティ構想」などがそれです。しかし、多くの場合、デジタル技術・機械・器具等は域外業者まかせで、運営も公設民営化や公的サービスの民間企業開放などコスト優先に終始し、非正規雇用の増大などによっていずれも地域の持続的な発展にはつながっていません。

　提言（概要）では「人口減少社会の中で、デジタル田園都市国家構想の実現にも資する、将来に向けた利便性と持続可能性の高い地域モビリティへの再構築に向けて、鉄道事業者と沿線地域が危機認識を共有し、相互に協力・協働しながら、輸送サービスの刷新に取り組むことを可能とする政策」を検討するとしていますが、両者の関連性は具体的に示されておりません。むしろ、「Ｄ都市構想」が成長戦略の重要な柱として位置づけられていることを考えるならば、再び東京・大阪・名古屋の３大都市圏中心の成長エンジン推進が想定されます。その結果、成長戦略から外れる地域の公共交通は、ローカル線を中心に廃線に追いやられ、地域間の格差はさらに拡大しそうです。どのようにして「Ｄ都市構想」の中心に地域公共交通を位置づけるのかの具体的な説明が望まれます。

（小田　清）

Q4-8 「『頑張っている地域』を応援する」だけで鉄道は存続できるのですか？　国の責任と役割があるのではないですか？

「『頑張っている地域』を応援する」とは

　提言では、本文中に示す新たな仕組みを「『頑張っている地域』を応援する文脈で活用されるべき」（提言、42ページ）としています。ここで注意しなければならないのは、「『頑張っている地域』を応援する」ことは、地域住民による地域活性化や、まちおこしを国や地方自治体が応援することとは、意味が異なるということです。

　国の政策における「『頑張っている地域』を応援する」ことの本質は、第二次安倍晋三内閣で2015年6月30日に閣議決定された「『日本再興戦略』改訂2015－未来への投資・生産性革命－」に示されています。そこでは、「他力本願や成り行き任せの姿勢を採らず『頑張る地域』に対して（中略）支援を行うことで、地方の自立を強力に後押ししていく」（17ページ）と述べられています。すなわち、地域は国からの一方的支援から脱却することを求められるとともに、国は自ら努力し成果を上げた地域のみを重点的に支援するというものです。これを言い換えれば、「頑張ることができない地域」は切り捨てるという意味になります。

　岸田文雄内閣における「デジタル田園都市国家構想」でも、こうした考え方から脱却することはできていません。確かに、2022年6月7日閣議決定の「デジタル田園都市国家構想基本方針」では、「誰一人取り残されないための取組」を示しています。しかし、この基本方針には、「地方の自主的・主体的な取組を支援する。その際、将来的に自走化できるよう工夫された取組であることを重視して支援を行うとともに（中略）モデル的な取組を重点的に支援しつつ、他地域の横展開を促す」（7ページ）ともあります。モデル的な取り組みの横展開は一定の評価ができるものの、地域は最終的には国からの支援から自立することが求められ、「頑張って成果を出せる」地域だけを支援する姿勢も示されます。そこには「頑張りたくても頑張れない地域」へのまなざしは乏しいといえます。

　「『頑張っている地域』を応援する」だけで鉄道を存続させようとすれば、結局は地域に頑張る力があり、ある程度の自立した経営が可能な鉄道のみが

存続し、それ以外の鉄道は切り捨てられることになりかねません。

ローカル鉄道における国が果たすべき責任と役割

　いま、ローカル鉄道を存続していくためには、「『頑張っている地域』を応援する」という、国の政策や提言の考え方を変えなければなりません。そして、誰一人取り残さないかたちで交通を維持することが求められます。

　このとき、現代社会の交通は権利であるという「交通権」の考え方は、新たな方向性を示します。交通権学会編（1999）『交通権憲章—21世紀の豊かな交通への提言』には、「交通権とは『国民の交通する権利』であり、日本国憲法の第22条（居住・移転および職業選択の自由）、第25条（生存権）、第13条（幸福追求権）など関連する人権を集合した新しい人権である」（2ページ）とあります。国と地方自治体は、憲法上保障された基本的権利を実質的に保障するものとして、国民・住民の交通権を保障する義務を負います。そして、ローカル鉄道において国が果たすべき究極的な責任とは、鉄道の維持を通して国民の交通権を保障することといえます。

　このとき、国がローカル鉄道において、多様な役割を果たすことが求められます。その役割について、ここでは三つに絞って取り上げます。

　ひとつは、地域交通の「最後の拠り所」の役割です。ローカル鉄道に限らず、現在の日本の地域交通では、公共交通機関が失われたとき、あるいは経営困難に直面しているとき、誰が地域交通に責任を持つべきかが明確ではありません。たとえば、財源の確保でこうした役割を果たすことができますが、それだけではなく国の積極的な関与が求められます。

　いまひとつは、鉄道ネットワークの維持です。とくにJR旅客各社のローカル鉄道は、日本の基幹的な在来線鉄道ネットワークを構成している区間も少なくありません。こうした鉄道では、国が自ら鉄道ネットワークの維持することが求められています。選択肢には、欧州諸国のように、国がインフラを保有し、交通サービスの供給責任も負う上下分離方式があります。

　最後に、「頑張りたくても頑張れない地域」であるがゆえに、ローカル鉄道の維持が難しい地域も少なくありません。国にはこうした地域に寄り添い、支援していく役割も期待されています。

（下村仁士）

Q4-9 JR貨物は全国鉄道網を前提に、国が責任をもって運営に関与すべきではないですか？

JR貨物と線路使用料

　1987年4月に実施された国鉄分割・民営化に際して、旧国鉄が所有していた路線は基本的にJR6社に引き継がれましたが、全国的な物流を担うJR貨物は旅客を担うJR6社のような地域分割の対象にはなりませんでした。そして、線路部分がJR6社の所有とされたことから、JR貨物はJR各社の線路を借りて運行する事業者となりました。整備新幹線の営業に伴ってJR各社から切り離され、第三セクター会社による運営となった並行在来線の路線についても、JR貨物は使用料を支払っています。

　JR貨物が負担する線路使用料については軽減的な措置がとられており、JR貨物の収支にプラスに働いていることになりますが、逆にJR各社等にとってはより高めの使用料を課したいところかもしれません。原理的にいえば、線路使用料の水準を決めるのは、線路や路盤に対する負荷の大きさであり、重量物を輸送するJR貨物がそれに見合った使用料を課せられるのは、その限りでは合理的な判断といえます。しかし、アボイダブルコスト（貨物列車が運行しない場合に発生が回避されるコストのみが線路使用料とされ、保線のための人件費や減価償却費などの固定費は貨物列車の運行に関わりなく発生する費用とみなされ、ここから除外される）にもとづく線路使用料は、JR貨物発足以降、基本的に維持されたままです。

　JR各社とJR貨物が互いに独立した民間会社であるならば、線路使用料について互いに交渉するのは当然ですが、この前提自体を再検討すべきだと思います。まずいえるのは、JR貨物の株式はすべて政府（鉄道建設・運輸施設整備支援機構）が所有しており、国有会社であるということです。したがって、JR貨物の経営に政府が関与することが可能ですし、国民経済的な貨物輸送の重要性からすれば、むしろ、政府は積極的に経営関与すべきです。実は、提言自身も随所でこのことを指摘しています。提言は、一方でJRローカル線区の見直しを求めるなかで、他方では維持すべき線区として、次のように貨物路線を挙げています（Q2-15も参照）。

　「貨物列車が現に走行しており、全国一元的な貨物鉄道輸送サービスの一

部として重要な役割を果たしている線区」(提言、35ページ)

　「災害時や有事において貨物列車が走行する蓋然性が高い線区など、国と JR各社との間で、我が国の基幹的鉄道ネットワークを形成する線区として確認した線区」(提言、36ページ)

JR貨物と産業界

　鉄道貨物輸送の観点から並行在来線（函館～長万部間）の存続を訴える北海道商工会議所連合会の「緊急提言書」(2022年7月) は、鉄道利用者（産業）の立場で、全国的な基幹的鉄道ネットワークを形成する貨物路線の重要性を指摘しています。JR貨物の鉄道コンテナ総輸送量（2020年度）1,884万トンのうち、北海道分は404万トン (21.5%) を占める実情からすれば、当然の主張でしょう。しかし、提言の主眼は、あくまでもローカル鉄道の再構築のために、地方自治体と鉄道事業者、それも旅客鉄道事業者の「協働」をいかに実現するかという点にあり、ローカル線区のなかに、全国的な鉄道ネットワークの一部を構成する部分が含まれているという事実は認識していても、それを全国的観点から再構築するという観点をほとんどもっていないのです。そして、全国的な鉄道ネットワークを前提とするJR貨物の経営についても、当然、視野の外にあります。

　地域のローカル鉄道に着目しつつ、その再構築をめざすという提言は、ローカル鉄道を重視した提案の形を取ってはいますが、そのことによって、ローカル鉄道を全国的な鉄道ネットワークから切り離し、ひいては、全国的な鉄道ネットワークを寸断する結果となる危険をはらんだ内容となっているのです。北海道新幹線の札幌延伸に伴って経営分離される函館本線（長万部以南）がバス転換されると、この区間の鉄道路線を管理運営する主体がいなくなり、貨物路線が寸断される可能性さえあります（Q2-15, Q5-2、Q5-6参照）。

　JR貨物が全国的な鉄道ネットワークを前提にして成り立っており、将来的にも、有事の場合も含めて、その輸送体制を保持する必要があるとすれば、JR貨物に対する国の関与は不可欠だと考えられます。　　　　　　（小坂直人）

Q4-10　提言では、協議会はローカル鉄道の廃止あるいは存続を前提に開催すべきでないとしていますが、本当ですか？

特定線区再構築協議会でローカル鉄道は守れないのでは？

　提言ではローカル鉄道の存廃問題を議論する「特定線区再構築協議会」（以下、再構築協議会）の位置づけを「廃止ありき」、「存続ありき」といった前提を置いて開催すべきでなく、参加する鉄道事業者や沿線自治体も、そのことを十分にふまえて協議に参加し、あくまでも利用者の目線に立って、ファクトとデータに基づき、地域の今と将来にとってどのような公共交通の在り方が望ましいか、未来志向で協議を進めるものと述べられています。それにもかかわらず、公共交通再構築の方策に関しては、鉄道事業者と沿線自治体は再構築協議会の結論に従い、より利便性と持続可能性の高い、コンパクトでしなやかな地域公共交通の再構築を目指して問題意識を共有し、それぞれ合意した役割を果たすべきであるとしています。ここでの合意とは、国の主体的な関与により設置した再構築協議会で、鉄道事業者と都道府県を含む沿線自治体等の関係者が前提を置かずに議論し、3年以内に結論を出す義務があるというものです。

　2022年に5路線の廃線が確定した北海道のケースから協議会を考えてみましょう。JR北海道が2016年に「維持困難路線」を公表しましたが、沿線自治体との個別協議は遅々として進まず、途中で北海道庁が線区別の鉄路維持試算を次々と公表しました。その金額は自治体の財政負担を遙かに超えるもので、これによってやむなく廃線・バス転換に合意したのです。これが北海道の存廃にかかわる合意の経過で、北海道庁の試算公表が沿線自治体の廃線合意に決定的な役割を演じたことは疑いのないところです。

　提言の再構築協議会では、「存廃」を前提にしないとしています。しかし、1,000人／日未満の路線存廃に関連して、維持のための自治体負担が出てきた時点で合意形成への有形無形の圧力となるでしょう。地方自治体は地域産業の維持・発展や教育・福祉等、あらゆる行政サービスを担っています。それらには財政的な裏付けが必要で、国家財政に大きく依存しているのが現実です。そこでは明らかに財政関係を通しての上下関係が成り立ち、再構築協議会の合意に関しては忖度が全くないとは言い切れないのです。さらには公共

交通を保障する最終責任者としての国の役割は曖昧なままで、必要な場合には「助言を与える」という上から目線が存在します。これでは、再構築協議会は「3年間でご意見は十分に承りましたが廃線・バス等転換は予定通りに進めます」という「形式的な機関」に終わりそうです。

鉄道は全国の地域と相互につながってこそ「移動の権利」が保障される

　私たち個人や家族、共同社会の再生産、地域社会の持続性はその前提に基本的人権や生存権、生活権の尊重があり、これらを国や自治体が責任を持って保障することで安心して暮らしが営めます。しかし、これらの権利はいまや切り捨ての危機に瀕しています。特に公共交通に関していえば、人と人との交流を保障し移動の自由を確保することは個人や集団、地域間の交流を活発化し、地域社会に活力を与え、私たちの生活や精神を豊かにしてきました。しかし、このような移動する権利（交通権）の保障は大都市圏とそれ以外の地域とでは不平等さを増してきています。あらためて現代生活権の一つとしての「交通権」、「生活権」の保障を考えなければならないと思います。

　提言では、鉄道について、大量輸送性、定時性、速達性、低環境負荷性を兼ね備え、線区によっては、わが国の社会経済活動を支える基幹的ネットワークの一部を形成し、都道府県や市町村の圏域を超えて走行していると述べています。また、地域の幹線として機能している場合、通勤・通学等の日常生活の足、観光等の地域経済の礎として存在しています。

　このことからも鉄道は、社会経済活動の基幹的なネットワークを形成し、レールが都道府県や市町村の圏域を越えて一本でつながっていることが重要であり、その存続問題は鉄道事業者や沿線自治体・住民だけのものではなく、大都市圏を含めた国民全体のものと理解できます。今や地域公共交通の問題は、国民の生存権にかかわる重要な問題となっているのです。　　　（小田　清）

5 地域社会における鉄道の役割に関する Q&A

Q5-1 ローカル鉄道の経営困難を引き起こしたのは、政府の人口・地域政策ではないのですか？

Q5-2 北海道新幹線の延伸によって並行在来線のバス転換が決まりましたが、どのように議論されたのですか？

Q5-3 「地域モビリティの刷新」の先行事例として紹介されている事例は、適切な事例と言えるのですか？

Q5-4 地域公共交通を再構築させた先行事例が紹介されていますが、地域事情の異なるローカル鉄道に適用できるのですか？

Q5-5 ローカル鉄道を維持するために、沿線住民や市民はどのような役割が期待されますか？

Q5-6 提言では、被災した鉄道の復旧に、国として積極的に関与する政策を打ち出していないのはなぜですか？

Q5-7 欧州では地域の鉄道はどのように維持されているのですか？

Q5-8 総合交通体系を構築するうえで、JRローカル線はその基盤的な交通手段とはならないのですか？

Q5-1 ローカル鉄道の経営困難を引き起こしたのは、政府の人口・地域政策ではないのですか？

経営困難の要因と検討会の問題意識

提言では、ローカル鉄道の経営困難を引き起こした要因を次のようにまとめています。新型コロナウィルス感染症は、働き方やレジャー、インバウンド等にニューノーマルな状態を定着させ、公共交通機関は大きな影響を受けました。ただし、ローカル鉄道における利用者の減少は、新型コロナウィルス感染症の拡大以前から続いており、人口減少、少子化の進展、モータリゼーションを前提としたライフスタイルや都市構造の変化等による危機認識が広く共有されてこなかった結果で、これから人口減少等がさらに加速すると予測されている中でのコロナ感染症は、近い将来での対応から今すぐの対応を迫ることになったに過ぎないとしています。そして、ローカル鉄道の危機的状況を引き起こした責任は鉄道事業者のみならず、見て見ぬふりをしてきた国や自治体にあることを指摘しています。

この事態を受けて検討会は、コロナ感染症が収束してもローカル鉄道を取り巻く危機的状況が解消されるものではないので、いまこそ国、沿線自治体、鉄道事業者等が一丸となって人口減少時代に相応しい、コンパクトでしなやかな地域公共交通を再構築していく、という観点から地域モビリティの刷新に取り組むと問題意識が述べられています。

人口減少等の根本要因の解明が必要

長引くコロナ感染症の影響によって鉄道事業全般が厳しい経営状況に追い込まれたことは事実です。さらに、コロナ感染症のまん延以前から人口減少等によってローカル鉄道の利用者が減少し、経営状況を悪化させてきていることも正しい指摘だと思います。しかし、それらの厳しい状況が地域で引き起こされた根本原因については何も述べられていません。それらの検討と原因究明なしに地域公共交通、特にローカル鉄道の再構築を考えたとしても、大都市圏以外の地域での厳しい現実は何も変わりません。問題解明と政策の転換なしに現状を肯定したまま「廃線・バス転換等」を図ったとしても、それは一時的・表面的な現象でしかありません。時間の経過とともにローカル

図2-8　三大都市圏および東京圏の人口が総人口に占める割合

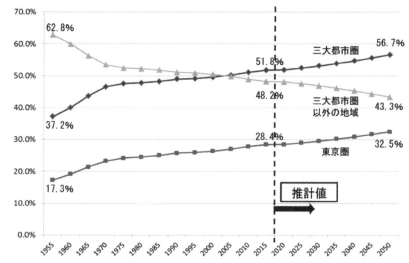

出典：総務省統計局「国勢調査」及び国土交通省「国土の長期展望」中間取りまとめを元に、総
　　務省市町村課にて作成
　　https://www.soumu.go.jp/main_content/000452793.pdf
注：三大都市圏の人口シェアの上昇は今後も続くとともに、その増大のほとんどは東京圏のシェ
　　ア上昇分となると予測されている。

鉄道の利用者減はつづき、廃線対象路線が増加していくことになりかねない
と思います。

困難克服のためには地域・人口政策の転換が必要

　それでは地方都市・地域に人口減少をもたらした政策とはどのようなも
のでしょうか。1960年代から90年代初頭にかけての地方の人口減少は、3
大都市圏を中心に、産業政策と一体化しての道路や港湾、工業用地・用水へ
の巨額の公共投資の展開による地域政策がもたらしたものでした。この結果、
成長地域である大都市圏は極端な労働力不足となり、全国から若年労働者を
含む大量の人口移動を余儀なくさせたのです。また、農業等の大規模化政策
は第一次産業地域に余剰人口を生みだし、これら地域から大都市地域への人
口流出を加速化させました。成長地域優先の極端な人口・産業配置による地
域政策は国土構造をゆがめてしまいました。3大都市圏の人口シェアの動き

表2-2　合計特殊出生率（主な都道府県）：1950 ～ 2019 年

都道府県	1950年	1960年	1970年	1980年	1990年	2000年	2005年	2010年	2019年
全国	3.65	2.00	2.13	1.75	1.54	1.36	1.26	1.39	1.36
	(3.64)	(2.02)	(2.09)	(1.75)	(1.52)	(1.37)	(1.27)	(1.39)	(1.36)
北海道	4.59	2.17	1.93	1.64	1.43	1.23	1.15	1.26	1.24
青森	4.81	2.48	2.25	1.85	1.56	1.47	1.29	1.38	1.38
宮城	4.29	2.13	2.06	1.86	1.57	1.39	1.24	1.30	1.23
福島	4.47	2.43	2.16	1.99	1.79	1.65	1.49	1.52	1.47
茨城	4.02	2.31	2.30	1.87	1.64	1.47	1.32	1.44	1.39
群馬	3.80	2.03	2.16	1.81	1.63	1.51	1.39	1.46	1.40
埼玉	3.92	2.16	2.35	1.73	1.50	1.30	1.22	1.32	1.27
千葉	3.59	2.13	2.28	1.74	1.47	1.30	1.22	1.34	1.28
東京	2.73	1.70	1.96	1.44	1.23	1.07	1.00	1.12	1.15
神奈川	3.25	1.89	2.23	1.70	1.45	1.28	1.19	1.31	1.28
新潟	3.99	2.13	2.10	1.88	1.69	1.51	1.34	1.43	1.38
富山	3.57	1.91	1.94	1.77	1.56	1.45	1.37	1.42	1.53
石川	3.56	2.05	2.07	1.87	1.60	1.45	1.35	1.44	1.46
福井	3.65	2.17	2.10	1.93	1.75	1.60	1.50	1.61	1.56
山梨	3.71	2.16	2.20	1.76	1.62	1.51	1.38	1.46	1.44
長野	3.25	1.94	2.09	1.89	1.71	1.59	1.46	1.53	1.57
愛知	3.27	1.90	2.19	1.81	1.57	1.44	1.34	1.52	1.45
滋賀	3.29	2.02	2.19	1.96	1.75	1.53	1.39	1.54	1.47
京都	2.80	1.72	2.02	1.67	1.48	1.28	1.18	1.28	1.25
大阪	2.87	1.81	2.17	1.67	1.46	1.31	1.21	1.33	1.31
和歌山	3.09	1.95	2.10	1.80	1.55	1.45	1.32	1.47	1.46
鳥取	3.46	2.05	1.96	1.93	1.82	1.62	1.47	1.54	1.63
島根	3.87	2.13	2.02	2.01	1.85	1.65	1.50	1.68	1.68
徳島	3.97	2.02	1.97	1.76	1.61	1.45	1.26	1.42	1.46
香川	3.38	1.84	1.97	1.82	1.60	1.53	1.43	1.57	1.59
高知	3.39	1.94	1.97	1.64	1.54	1.45	1.32	1.42	1.47
福岡	3.91	1.92	1.95	1.74	1.52	1.36	1.26	1.44	1.44
長崎	4.49	2.72	2.33	1.87	1.70	1.57	1.45	1.61	1.66
宮崎	4.35	2.43	2.15	1.93	1.68	1.62	1.48	1.68	1.73
沖縄	…	…	…	2.38	1.95	1.82	1.72	1.87	1.82

出所：厚生労働省政策統括官（統計・情報政策担当）『人口動態統計』、総務省統計局『国勢調査報告』
　　　および『人口推計』に基づく。率算出の女性人口は 1925 ～ 50 年は総人口、1960 ～ 2019
　　　年は日本人人口。全国は日本人人口・年齢各歳による。全国の（）内の数値は、都道府県
　　　と同様に5歳階級により算出したものである。1950 ～ 70 年の全国は沖縄県を含まない。

は図2-8に見られるように、1960〜75年で急拡大し、その後も緩やかに増大し、その流れはこれ以降も続くとされています。この間、大都市圏から地方への人口移動・定住のためにさまざまな地域政策が展開されましたが成果は上がりませんでした。

　同じ時期、都道府県の合計特殊出生率にも大きな変化がありました。表2-2で示したように、1980年前後から人口置換水準（2.1前後）をかなり低下し、遠くない時期に総人口は減少していくと早くから推計されていました。それにもかかわらず、有効な人口策は打ち出せませんでした。特に東京都の出生率低下は労働力確保の面から大きな問題を引き起こしました。全国からさらに人口流入を促進させる結果となったのです。

　この流れを加速させたのが、2000年から始まった「小泉構造改革」でした。非正規労働者を増大させ、大量のワーキング・プア層を出現させたのです。また、最低限の国民生活を守るためのセーフティネットは、次々と縮小され、低所得者層は自助努力や自己責任によって生活維持を余儀なくされてしまったのです。このため、首都圏を中心に出生率はさらに低下し、高い出生率に裏付けられた地方の若年層は再び首都圏に吸い取られ、人口減少が続くのです。この流れを断ち切らない限り、悪循環は続くのです。　（小田　清）

Q5-2 北海道新幹線の延伸によって並行在来線のバス転換が決まりましたが、どのように議論されたのですか？

並行在来線が廃止・バス転換：北海道の場合

　整備新幹線並行在来線の経営分離は着工5条件の一つで、沿線の地元自治体が第三セクター鉄道化するか廃止バス転換するかを協議します。整備新幹線は、地元自治体の強い要望によるので、JR廃止に関わるバス転換への支援策は特にありません。北海道開発予算も、鉄道は除外されています。

　北海道新幹線札幌延伸では、JR北海道から「函館〜小樽間」についてすべての地元自治体が既に「同意」しており、その協議は並行在来線対策協議会（北海道庁主催、任意設置）に委ねられました。さらにその協議会は、振興局毎に渡島（長万部以南）と後志（長万部以北の通称「山線」区間）と分けた「ブロック会議」で実質議論され、本会議（首長出席）と幹事会（課長級）が組織されました。北海道内では、道庁主催の協議会で沿線自治体だけを、協議メンバーとしています。新幹線開業5年前までをめどに存廃の方向性を議論するとして、当初は「開店休業」状況でしたが、その後後志ブロックだけ先行させ、急ピッチで議論が進展しました。

　道庁は、コンサルタント会社に発注して乗降状況実態調査を行いました。しかしそれは、雪の降る直前で観光利用の最も少ない時期に実施され、コロナ後には実測されずに推計値となりました。また、北海道庁から転換後の鉄道・バスの収支予想として、全線存続案、部分存続案（余市〜小樽間だけ鉄道存続）、全線バス転換案の3案について、転換後30年間の想定赤字額が示されました。その際、国との精力的な交渉等をしないまま、発生した赤字の全額を地元自治体が負担するとされ、地元自治体は「天文学的数字」だとして、鉄道存続を断念し全線バス転換を容認する「方向性」決定しましたが、バス転換の詳細はいまだ固まっていません。並行在来線の廃止決定は、急こう配特殊区間である横川〜軽井沢間に次いで、全国2例目となりました。

　この「山線」区間は先行して開業した路線で、第二次世界大戦前は大動脈でしたが、戦後は直通列車が海線（東室蘭廻り）に次第に変更されていき、現在では特急等の優等列車や貨物列車が走らない路線になりました。しかし、特に余市〜小樽間は輸送密度2,000人／日を超え現在でも混雑する区間ですが、

協議会末期の関係2自治体の会議では負担額の多寡だけで鉄道廃止を決断し、既存バスを活用し新ルートも含めれば鉄道の代替は可能としました。

前代未聞の貨物専用路線出現か、並行在来線の「ドミノ」廃止か

次に、長万部以南の区間が協議中ですが、この区間は特急列車のみならず本州直通の貨物列車も走行する大動脈です。ここでも全線存続案、部分存続案（函館〜新函館北斗間だけ鉄道存続）、全線バス転換案の3案が提示されました。地元自治体側意見としては、函館〜新函館北斗間の新幹線アクセス区間だけ残ればよいとの声が強く、他の区間は鉄道廃止バス転換もやむなしとされています。すると貨物列車の走行路が途切れるため、並行在来線を貨物専用化も想定されます。しかし、それは想定外の事態で初のケースなので、新たに国・道庁・JR北海道・JR貨物の4者によって協議を始めましたが、財源に乏しく厳しい議論の応酬が予想されています。それとは別に、「貨物新幹線」構想もありますが、財源も含め実現性が疑問視されています。いずれにしても在来線が途切れた場合は、道内のみならず全国の並行在来線の第三セクター鉄道が経営困難に陥り、全国的貨物ネットワークが損なわれる危険が高まります。それは、在来線を貨物列車走行による貨物調整金が支払われずに、経営できなくなるからです。

転換バス計画の実情

廃止決定の「山線」区間の転換バスは、基本的に主要駅でブツ切り運行が想定され、既存バスの本数を基本に一部で増便し、町境を越える峠の閑散区間ではディマンド運行も検討されています。また、国道を直行するか学校や病院に立ち寄るか検討されますが、寄りすぎると時間がかかって複雑なルートになり、永続的運行は困難です。バスだと混雑や揺れ等で鉄道に比べ疲労度が大きく、ブツ切り区間ごとに別々の運賃負担も大きいです。そもそも北海道新幹線自体が、料金の高さ、設置駅の利便性の低さ、青函トンネル区間での新幹線と貨物列車の大きな速度差に起因するダイヤ上の制約など、様々な欠陥があるなか、並行在来線や道内の在来線ネットワークを犠牲にして進められているのです。

（武田　泉）

Q5-3 「地域モビリティの刷新」の先行事例として紹介されている事例は、適切な事例と言えるのですか？

　提言では、ローカル鉄道の見直しについて「『廃止ありき』『存続ありき』といった前提を置かずに協議する枠組み」を提案していますが（提言、31ページ）、そこで示された先行事例はその前提にそった内容でしょうか。

先行事例の内容

　提言では、①第三セクター化（あいの風とやま鉄道）、②分社化（嵯峨野観光鉄道）、③公有民営の上下分離（京都丹後鉄道、福井鉄道、JR長崎本線・只見線の一部の線区）、④みなし上下分離（「群馬県方式」）、⑤車両の購入支援（観光列車やサイクルトレイン）、⑥高速化・複線化（愛知環状鉄道、JR姫新線）、⑦駅施設の合築化（JR紀勢本線湯浅駅、JR内房線江見駅など）、⑧スマート化（名古屋鉄道、JR香椎線、京都丹後鉄道）、⑨バスとの共同経営（JR四国と徳島バス）、⑩LRT化（JR富山港線）、⑪BRT化、バス化（JR気仙沼線・大船渡線、日田彦山線、日高線）⑫寄附金制度を活用した支援（三陸鉄道と北条鉄道）の12項目の先行事例を示しています。

財政支援を前提にした先行事例

　このうち⑪BRT化・バス化を除いてほとんどが鉄道を存続させようとする試みですが、JR線区の維持・活性化にかかわるのは、③と④の長崎本線と只見線などの上下分離、⑤JR北海道での車両支援、⑥姫新線の高速化、⑦湯浅駅・江見駅の駅施設の合築化、⑧香椎線のスマート化、⑨JR四国と徳島バスの共同経営であり、⑧と⑨を別にすれば、いずれも沿線自治体等の財政的な支援を前提にするものです。

　①「第三セクター化」の事例で「あいの風とやま鉄道」をあげ、「地方自治体が経営に直接関与する第三セクター事業者になることで、地域との連携が大幅に改善し、利便性や持続可能性が高まることが期待される」とし、「増便やダイヤ設定の工夫、駅の新設等、地域と連携した利用促進の取組」で「利用者が大きく増加」しているとしていますが、それは他の第三セクター鉄道でも同様で、それが継続できないところに構造的な問題があります。

むしろ地方自治体の支援によって支えられていることを見るべきです。

　また、②「分社化」や⑤「車両の購入支援」の事例で「観光列車」の導入を勧めていますが、第三セクター鉄道はもとよりJR各社も観光に力を入れていることは周知のとおりです。これらの事例で注意すべきは嵯峨野観光鉄道のようにJRの旧線を分社化し別体系の運賃設定で観光に特化していることであり、北海道高速鉄道開発による「観光列車（ラベンダー編成）の購入」とJR北海道への無償貸与も地方自治体の支援が前提になっています。JR旅客各社は高額料金のイベント列車を走らせていますが、収益目的での観光列車の運行をおこなう一方で、ローカル線では観光列車の運行に沿線自治体の財政支援を求めています。

　さらに、⑥「高速化・複線化」の事例で愛知環状鉄道が、⑩「LRT化」の事例で旧JR富山港線のLRT化が取り上げられていますが、これらは都市部の路線であり、はたして多くのJRローカル線にとって先行事例になりうるでしょうか。

事例紹介の視点

　提言では、JR只見線の事例も取り上げられていますが、それはJR東日本が路線廃止の意向を示すなかで、上下分離方式など沿線自治体の財政支出を前提にJRが運行を再開した路線です。JR東海名松線の復旧も沿線自治体による沿線整備を前提にして路線廃止を回避しています。

　提言が「廃止ありき」ではないというのであれば、JRローカル線、第三セクター鉄道、地方私鉄の復旧・再建の事例が国や沿線自治体の財政支援にもとづくものであることを改めて確認し、JRローカル線の維持・活性化のために公的資金をどう活用するのかを工夫することが必要です。

　提言で紹介された事例が地方自治体や関係機関の連携・協力によってもたらされた考慮に値する施策であることを否定するものではありませんが、国は、LRT化やBRT化やバス転換への誘導を示唆する事例を提示するのではなく、これまでの鉄道路線が維持されてきた枠組みを踏まえ、公的資金の投入を含めてJRローカル線などを活性化する責任が求められています。

（安藤　陽）

Q 5-4　地域公共交通を再構築させた先行事例が紹介されていますが、地域事情の異なるローカル鉄道に適用できるのですか？

　提言の参考資料に、駅の活性化の事例として栗山駅と川湯温泉駅（JR北海道釧網本線）がカラー写真つきで紹介されています。JR北海道は赤字続きなので、沿線の自治体が鉄道を維持するために、古い駅舎を人が集まりやすい便利な複合施設に作りかえたのです。JR北海道はわずかな出費で快適な駅舎を提供されたのですが、鉄道乗客数は増えませんでした。川湯温泉駅は夏に乗客が集中する特殊な駅なので、栗山町についてみてみましょう。

栗山町の交通事情

　栗山町は北海道中南部にある人口1万1500人の町で日本ハムファイターズの栗山監督が住んでいたことで有名になりました。農業、工業、商業がバランスよく保たれて人口が維持されています。ここを通る室蘭線は石炭全盛の時には大黒字でしたが未だに単線非電化。炭鉱閉山が進むにつれて沼ノ端〜岩見沢間の旅客数は急減して、2015年輸送密度500を切り2021年に300となりました。JR貨物が1日2本走っています。

　同じ区間を鉄道と並行して国道234号線が走り、栗山駅前には道道と町道が整備されているのでバス交通も盛んで、そのうえ栗山町には直接札幌に向かう道があります。それはかつての炭鉱が残した夕張鉄道の廃止路線を道路に改装したもので、「きらら街道」と名付けられ、野幌で国道12号線につながっています。JR北海道は岩見沢、苫小牧、札幌など主要都市への交通を自家用車利用のほかに、中央バス、夕鉄バスと競い合う関係にあるわけです。

　JRの強みは主に岩見沢の学校へ通う通学生です。7往復、所要時間23分、通常料金片道440円、1カ月定期代9820円（7割引き）。鉄道の定時性、快適性、低価格は今も人気があり、早朝の2便は2両連結、高校生で満員になります。この点は国鉄時代の公益性をひきつぐもので高く評価されます。他のJR便は発車間隔が2〜5時間あり、通院者以外の乗客は少なく1両編成。通勤者は直接職場を往復するため自家用車の利用が多く、買い物客なども大型店舗近くに停車するバスを利用することが多い。バス料金は600円で1時

間ごとの12往復、日中の便数が多いことから元気なお年寄りの客も増えて、バス会社は安全を心掛けているといいます。

地域公共交通とは

2000年2月、古い駅舎は「くりやまカルチャープラザEki」という大きな複合施設に生まれ変わりました。費用のほとんどを町が調達してこれを所有し、鉄道とバスの交通をまとめて扱う交通部門を商工会議所（観光協会を兼ねる）に、文化交流用のホールや研修室の運営を民間会社（株）に委託しました。跨線橋を町道と一体化したことで道路財源を利用し、人気のある酒造会社へとつなげることもしました。しかしJR北海道には資金がなく、この機会を鉄道運行の改善や増収へと結びつけることができませんでした。 鉄道の利便性が上がらないことから、栗山駅からの一日平均乗客数は少しずつ減っています。

「公共交通」には安全、定時、速度、安価、頻度が住民に保証されることが必要ですが、町民にとって切実なのは子供たちの通学手段としての鉄道の維持です。輸送頻度は少なくとも、通学時間に必要な数の車両を走らせることはバスにはできないことなのです。 （美馬孝人）

Q5-5　ローカル鉄道を維持するために、沿線住民や市民はどのような役割が期待されますか？

上下分離と災害復旧補助の強化

　地方鉄道の全面崩壊を食い止めるため、私たちがまずなすべきことは、政府や自治体にきちんとした形での関与を求めていくことです。

　関与には様々な形態がありますが、さしあたり、①列車の運行（上）と線路や施設の保有・維持管理（下）を分離し（上下分離）、「下」は政府または自治体が全面的にバックアップすること、②災害復旧を公共事業とすること、は待ったなしの課題です。台風や水害で、道路と鉄道が両方とも被災した場合、道路はすぐ復旧するのに、鉄道は復旧せず廃線となっていくことに疑問を感じる市民は増えています。いずれも道路、空港、港湾など鉄道以外では当たり前に行われていることばかりであり、大多数の市民の合意を得られると考えます。

　①は、旧近鉄養老線（岐阜県）を上下分離し、「下」を沿線自治体設立の一般財団法人「養老線管理機構」に移管した養老鉄道や、2011年新潟・福島豪雨による復旧過程で線路を福島県が直接保有し、列車運行のみJR東日本が行うことになった只見線（2022年10月全面復旧）の例があります。

　②は、集中豪雨で流された橋梁の復旧費について、国の「特定大規模災害等鉄道施設復旧事業費補助」制度を利用した結果、国庫負担率が97.5％にまで引き上げられ、復旧につながった上田電鉄別所線（長野県）の例があります。2020年7月の台風で橋梁が流出したくま川鉄道（熊本県）でも同じ制度による復旧が目指されています。

JRをめぐる問題

　一方、地元が災害復旧を望んでいても、姿勢が厳しいのがJR6社です。くま川鉄道と同じ2020年7月台風で被災した肥薩線は、復旧費見込額235億円のうち9割に当たる210億円を、公共事業や鉄道復旧費補助金で負担できることが判明。JR九州の負担額はわずか1割の25億円となる見込みですが、ここまでの措置を講じてもJR九州は復旧に難色を示しています。

　2016年、全国に先駆けてJR北海道が自社単独では維持困難な10路線13線

区を公表した北海道でも、水面下でこうした協議は幾度となく行われました。地元からは復旧後の路線活用策も提案されました。こうした沿線自治体の努力にもかかわらず、日高本線・鵡川〜様似間は廃止されました。

　沿線住民と自治体、そして鉄道事業者がなんとしても被災路線を復旧させたい、再びあの線路に列車が走る姿を見たいという熱意を持てば、国はアイデアを出すようになっています。廃線と復旧路線の運命を分けたものが鉄道事業者の熱意であることは、この間の経過を見れば明白です。特にJR6社には、この熱意が決定的に欠けています。

　JRが公共交通事業者としての役割を放棄するなら、線路をJRから分離し、住民の手に取り戻すシナリオも検討されなければなりません。地域公共交通活性化再生法（2007）では、沿線自治体が作成する地域公共交通計画の中で鉄道事業再構築事業を実施する旨を定め、国土交通大臣の認可を受けた場合、自治体が行うべき鉄道事業法に基づく事業認可や、鉄道事業を沿線自治体に譲渡する鉄道事業者からの廃止届を待つことなく、鉄道事業を移管させることができると定められています（同法第25条）。存続への熱意に欠ける鉄道事業者から沿線自治体が線路を合法的に「奪取」する道は用意されているのです。しかし、沿線自治体が共同で地域公共交通計画を作成するには、莫大なエネルギーを必要とします。北海道各線のように、沿線自治体の足並みが揃わず、住民がローカル鉄道の存続を望んでもかなわないケースも増えてきています。

　仮に廃線となれば、その影響を最も強く受けるのは地域住民、とりわけ子どもたちや高齢者といった交通弱者であるにもかかわらず、現実には存廃協議が鉄道事業者と行政だけの密室で決められ、住民参加の道がないことも大きな問題です。国鉄再建法により、特定地方交通線の転換では沿線自治体協議会が設けられ、2年間の期限付きながら住民を交えての議論が行われました。第三セクター鉄道の多くが今日まで存続した背景として、住民が主体的に関与し、納得して受け入れた転換だったことも見逃せません。今後はこうした協議会を法定化し、そこでの決定に強制力を与えること、住民が中立かつ客観的に議論できる環境を整えることも必要です。

（地脇聖孝）

Q5-6 提言では、被災した鉄道の復旧に、国として積極的に関与する政策を打ち出していないのはなぜですか？

国土保全と提言の立場

提言は、「Ⅵ　今後取り組むべき方向性　(5) 国の支援のあり方」において、「自然災害を被った線区を沿線自治体が上下分離（公有民営）方式を導入しつつ復旧させ、鉄道輸送の高度化を図る場合については、鉄道軌道整備法に基づく鉄道施設災害復旧事業費補助等の活用を原則としつつ、沿線自治体の負担内容を踏まえ、国による支援内容の拡充について検討する」（提言、38ページ）と述べ、また「国においては、公共交通ネットワークの維持を図るため、鉄道路線が被災した際の復旧活動の支援や鉄道インフラの強靭化に対する公的主体の技術力や資金力を活用した総合的支援の枠組み等について検討が必要である」と述べています（同、41ページ）。

したがって、被災した鉄道等の復旧に対し、沿線自治体が主体的に取り組む場合は国として支援体制を検討する必要があると述べるだけであって、決して新しい政策提起をするものではないのです。

自然災害を被った鉄道被害の復旧に対して、国が従来どのような対応をしてきたのか、JR北海道日高線等を例に、具体的に振り返ってみることにしましょう。

鉄道護岸と海岸法

現行法制の下では、日高線の鉄道護岸はJR北海道の「責任」となっていますが、鉄道会社が鉄道護岸を復旧するのは、鉄道を安全に通すためであって、一般的な護岸責任によるものではありません。路線廃止と引き換えに「鉄道護岸」工事するというJR北海道の主張は逆立ちした議論としかいいようがありません。

本来、海岸は国有地として国が所有し管理責任を負うものです。「海岸法（1956年制定、1999年改正）」は、第1条で「この法律は、津波、高潮、波浪その他海水または地盤の変動による被害から海岸を防護するとともに、海岸環境の整備と保全及び公衆の適正な利用を図り、もって国土の保全に資することを目的とする」と規定しています。

鉄道護岸制度の不条理性

　2015年1月の高波被害以降、日高線では、海岸沿いの線路が複数個所、被災したまま放置されており、その結果、漁業被害（タコ漁・コンブ漁）や国道の浸食、事業所が危険にさらされるなどさまざまな被害が発生しています。特に、新ひだか町静内駒場では、防波堤に大きな亀裂が入るなどして非常に危険な状態です。鉄道護岸が、法的にはJR北海道の管轄であるとしても、JR北海道が「お金がないから直せない」として、管理責任を放棄する場合、だれも責任を負うことなく、住民はその被害と危険を甘受しなければならないのでしょうか。そもそも海岸保全の責任は、一企業ではなく国や都道府県が負うものです。1986年の第107回国会・参議院日本国有鉄道改革に関する特別委員会では、「水害・雪害等による災害復旧に必要な資金の確保について特別な配慮を行うこと」という附帯決議もなされています（村井〔2018〕参照）。

　現行の鉄道護岸のあり方の矛盾については、村井の指摘がほとんどあたっています。自然災害から国土と国民を守るという「公共的課題」は一会社の赤字・黒字といった経営問題にはかかわりなく国が遂行しなければならないのです。その意味では、鉄道軌道整備法が改正され（2018年6月15日）、鉄道復旧に、より取り組みやすい環境が構築されたのは、基本的には歓迎されるところですが、インフラ災害復旧という課題は、インフラごとの個別課題ではなく、国として総力を挙げて取組むべき総合的な国土保全課題です。少なくとも、復旧にあたって鉄道が後回しにされるような法体系は正さなければならないでしょう。

　日高線の護岸復旧は、費用がかかる（86億円の見込み）という理由で、放置され続け、結局、2021年4月に廃線・バス転換されました。2016年の台風被害を受けた根室本線（新得〜東鹿越間）も、基幹ネットワークを担う位置にありながら、復旧されないまま、2023年3月6日、JR北海道はバス転換を提案しました。全国には、只見線など、地元自治体とJRの協調によって災害復旧を果たした例もありますが、全国いたるところで、毎年のように発生する自然災害のことを考えるならば、国土保全の公共責任に基づく抜本的政策が求められているといえます。

（小坂直人）

Q5-7　欧州では地域の鉄道はどのように維持されているのですか？

　結論的に言えば、欧州における鉄道維持は、鉄道インフラの公的所有と近距離輸送事業における公共輸送義務に対する公共補填によって行われます。

インフラとキャリアの分離と、インフラの公的所有

　この質問に答える前提として、欧州の鉄道における地域鉄道の位置を明確にすることが必要です。

　EU（欧州連合）では、1994年の理事会指令や規則によって、EU共通鉄道政策が実施されました。大きく二つの内容に分けることができます。一つは、オープン・アクセスを伴うインフラとキャリアの分離です。簡潔に言えば、道路とその上を走行する自動車と同じように、鉄道線路施設の経営管理とその上を運行する鉄道輸送事業の分離です（道路モデル）。

　ほとんどの諸国ではインフラは、公的所有下にあります。スウェーデンやノルウェーでは道路局と合体して官庁企業形態をとっており、フランスでは公共法人の中の1部門であり、ドイツでは全額政府出資の持株会社の傘下にあります。また1994年にレールトラック株式会社として完全民営化されたイギリスでも2002年に国有のネットワーク・レールになりました。

公共サービス義務と公共補填

　インフラとキャリアの分離と並ぶもう一つのEU鉄道政策は、各国の公共輸送サービス義務（Public Service Obligation: PSO）に基づいて公共資金による補填を可能にした点です。公共輸送サービスとは「収益的経営に委ねた場合に十分に提供されないが、安全で高い品質の、そして安価な価格で提供される」輸送サービスで（Regulation（EC）1370/2007）、「不採算であっても、社会的に望ましいサービス」（Holvard〔2017〕、26ページ）のことです。

　PSOの範囲は各国の管轄庁が規定するので、EU各国ごとに、その範囲は異なります。2018年の統計によりますと、主要国では次のようになっています。ドイツは981億人キロのうち56.9%、フランスは971億人キロのうち40.4%、イタリアは555億人キロのうち55.9%、イギリスは697億人キロのう

ち96.9％がPSOの範囲でした（EU〔2020〕、55ページ）。鉄道運営費にしめるPSO補償の割合は、12年の調査では、EU平均は41％程度ですが、イギリス60％、ドイツ69％と試算されています。

　公共輸送サービスの公共補填は、自治体など官庁が、競争入札で委託した企業に支払います。

路線廃止と復活

　もちろん、各国の鉄道改革でも営利的経営が強化される場合には、路線の廃止がおこなわれています（桜井〔2021〕、同〔2022〕）。

　ドイツでは、鉄道改革が行われた1994年から2016年までの間に地方路線を中心に、499路線5,154kmが廃止されました。それは、1994年の営業距離4万355kmの約13％に相当します。

　注目すべきは、ドイツでは廃止された鉄道路線（多くは線路敷きが残されている場合の活用）の復活（ドイツではReaktivierung　再活性化と呼ばれる）が、最初は市民団体のイニシアチブで、次いで、連邦政府・州政府を含んで大規模に行われるようになっていることです。

　2019年に、連邦政府から委託を受けたドイツ公共交通企業連盟（VDV）が復活の対象路線として189路線、31,100kmを選定し、段階的に検討し実施することを求める報告書を提示しました。また、ドイツ鉄道は、当面は20路線、245kmの復活作業に取り組んでいます。この背景には、鉄道の環境上の意義が上げられています（桜井〔2022〕）。

路線復活と費用便益分析の拡充

　とりわけ注目すべきは、これらのプロジェクトの事業開始に際して要請される「経済性」、費用便益分析に関して、「公共近距離旅客輸送における交通路投資に関する標準化評価　バージョン2016+　手続きガイダンス」が公表されたことです（Arbeitsgemeinschaft〔2022〕）。そこでは、従来の貨幣価値による費用便益だけでなく、便益面において、二酸化炭素排出量、土地利用、第一次エネルギー消費量、生存配慮などの非貨幣価値も含めて算定されるようになったのです。

（桜井　徹）

Q5-8 総合交通体系を構築するうえで、JRローカル線はその基盤的な交通手段とはならないのですか?

提言の基本認識と改革の方向性

提言が主な検討対象としているのは、地域鉄道とJRローカル線であり、これらの線区を運行している鉄道事業者の「経営難」の要因は何か、その解決方向がどこにあるかについて示唆することが提言の目的です。「経営難」の要因として、まず、地域経済の衰退とその結果生じる人口減少、さらには道路整備と車社会の形成という社会的背景があげられます。そして、各事業者が実行してきた旅客減少=収益悪化に対する費用圧縮対策が、運行数の削減や車両削減など、総じてサービス低下につながるものばかりで、旅客離れがいっそう加速される結果となったと指摘しています。赤字ローカル線の廃止という事業者の選択は、民間経営的には一番ありがちな道です。ここに、地域住民の利益を守るべき自治体の関与が求められてきたのは、鉄道が地域公共交通の一翼を担っているからですが、その自治体も財政難から積極的な支援が困難となっています。

このような提言の現状認識自体は大きな間違いはなさそうです。問題は、その現状を所与のもの、変えられないものとして受け入れるのかどうかという点です。

もともと、地域公共交通活性化再生法(2007)も、地域自治体と地域鉄道事業者が連携することによって、地域公共交通の維持を目指すものでしたし、国もその活動を支援しようとするものであった限り、前進面も認められます。今回の提言も、基本的には地域公共交通活性化再生法の枠組みの延長でなされましたが、国の関与がより強化されたものになっています。特に、重要な点は、従来は地域鉄道には含まれていなかったJRローカル線を対象としていることです。

その結果、地域公共交通活性化再生法では議論されなかった新しい論点が生まれました。つまり、ローカル鉄道が全国鉄道網の一環であり、その総合ネットワークの構成部分として位置づけされなければならないという点です(Q1-6参照)。その象徴的な場面の一つが貨物鉄道のあり方です。そして、このような全国鉄道ネットワークを管理運営する責任主体は、国または全国会

社とならざるを得ないことが明らかになったといえます。

総合交通体系と交通モード間連携

　地域公共交通活性化再生法においても、総合交通体系としての交通モード間の連携は当然考えられていました。しかし、その場合、想定されているのは、あくまでも、地域公共交通が中心であり、当然ながら、バス、市街鉄道と地域鉄道が主な対象となっています。このレベルでも、市町村域や県域を越えるような交通網が問題とならないわけではありませんが、あくまでも派生的な問題の扱いです。

　提言は、JRローカル線も対象とすることによって、従来は派生的であった、市域や県域を越える、一定の広域交通網を取り上げざるを得ないこと、そして、貨物交通のように全国交通網をも検討する必要性が生じたことを示唆していることになります。加えて、整備新幹線を含む新幹線網との連携が地域公共交通問題として、今まで以上にクローズアップされることになりました。九州新幹線長崎ルートにおける武雄温泉〜鳥栖間の扱い、北海道新幹線における新函館〜長万部間の扱いなど、在来線と新幹線の位置づけを考え直さなければならない事態といえそうです。北海道新幹線の場合、津軽海峡トンネルの新幹線・貨物線併行利用の問題もあります。

　提言は、赤字問題に苦しむ地域鉄道の現状改善政策を提起することが目的であって、そこまで求めるのは酷なのではないかとも思われますが、人であれ、物資であれ、異なる地域間が結びつくことに交通の本質があるとすれば、もともと鉄道網は全国ネットワークとして成り立っているものといえます。その意味では、そもそも、1987年の国鉄分割・民営化とは何であったのか、再検討される必要があるともいえますが、提言はこのことを深く追及することはありません。しかし、JR各社の内部補助システムが機能しなくなってきたことが地方路線切り捨ての背景の一つにあると提言が指摘していることは、事実上、分割・民営化措置の限界を認めていることになるといえます。

（小坂直人）

第3部　地域のための鉄道を求めて

1 鉄道は「社会的生産過程の一般的条件」

　今回の有識者提言は、本書の第1部・第2部においてすでに指摘されたように、全体像およびその歴史的経過を無視ないし軽視して、部分的・恣意的・局所的な立場に立っているのがひとつの特徴でした。いいかえれば、「虫の目」の枠を出ずに、「鳥の目、魚の目」を欠落させたものであったのです。

　そこでここでは、鉄道のもつ社会的性格・役割を「鳥の目、魚の目」から再把握することを課題としたいとおもいます。そのなかで、鉄道を復権し、地域を再生するために、主体としての生活者・住民そして市民としての「自治能力」（オートノミー）の必要性を論じることにします。

　鉄道などの交通・運輸手段は「社会的生産過程の一般的条件」（カール・マルクス）です。ここでの「社会的生産過程」における「生産」とは、物質的財貨の生産に限定されるものではなく、医療・福祉・教育などの人間自身の生産・再生産もふくんでいます。「社会的」とは「人間の協働関係」をしめす概念です。ただし協働とは、生産過程における集団的労働、すなわち同じ空間領域における労働の直接的な結合や空間的に相互に独立していても共通の計画に基づく労働の連携である「協業」だけを意味するものではありません。

　たとえば、オーストラリアで採掘した鉄鉱石を船舶で日本の製鉄所に輸送し、これを製鋼に加工する、つぎにそれを輸送して自動車の製造工場でいろいろな車を生産する、というように、最初の労働の生産物に他の労働が次々に対象化・付加されていく「協働関係」をふくんでいます。人々は、このようにして協働的に生産された生産物を消費して自己自身を生産・再生産します。すなわち物的財貨の生産だけでなく主体としての人間自身の生産をふくんだものが、「社会的生産過程」なのです。そして、「一般的条件」とは、交通・運輸手段が「社会的生産過程」を支えていることを意味します。したがって、鉄道などの交通・運輸手段は、個々の特殊な産業部面として存在するだけでなく、「社会的生産」を直接に支える社会的な一部面だ、ということです。

　ここから「公共性」の概念を理解する手がかりをえることができます。公

共財（インフラ）には、産業基盤と生活基盤の二種類があります。前者は、産業に直接に関連するもの（主に貨物鉄道、港湾、産業道路など）であり、後者は、人間自身の生産・再生産に直接に関連するもの（主に旅客鉄道、医療・福祉、教育など）です。両者の領域をふくめて「公共性」（広義の公共性）といえますが、人間自身の生産・再生産に直接に関連したものが狭義の「公共性」といえます。

　「地域」を成り立たせている公共財には、交通・運輸・通信手段などだけでなく、医療・教育・食料・エネルギーなども含まれています。現代では、自然の破壊によって自然の自明性が剥奪されていることに対応して、自然を人間存在の共通のファンドとして、新しい公共財に含めるべきではないか、という見解が登場しています。ここから、「地域」における人間の生活に不可欠な公共財の総体を「社会的共通資本」（宇沢弘文〔2000〕）と呼ぶ研究者もいます。また、「FEC自給圏」といって食糧（Food）・エネルギー（Energy）・ケア（Care）を地域の基盤に置くべきだとする見解（内橋克人〔1997〕）もあります。こうした概念が登場するのは、逆にいえば、地域における公共性とコミュニティが破壊され、地域社会が崩壊しつつあり、地域社会が危機におちいっているからだともいえます。

　地域の崩壊は「剥奪された地域（Deprivation Area）」といわれています。そこで北海道を若干だけとりあげてみましょう。日本は「先進国」のなかで、過疎と過密との懸隔という対照性のもっとも強い社会構造をもち、そのなかで北海道は最悪な地域だといわれています。北海道の人口522万人のなかで札幌市197万人したがって37.8%が札幌市に集中しています。東京が首都圏（埼玉、千葉、東京、神奈川）でも29.3%ですから、その割合の高さが際立っています。札幌市では勤労者のなかで、非正規労働者が40%を占めています。したがって大都市のなかに「いわゆる第三世界」（劣悪な労働・生活条件下にあるいわゆる発展途上国）が大きな口をあけているといってよいでしょう。他方では、札幌以外での高校の統廃合が進み、1980年322校から2019年277校になってしまい、国立・道立病院の統廃合による医療過疎のために「お産難民」といわれる事態が生じています。

　鉄道の復権を考えるうえで、こうした地域の衰退、崩壊を避けて通れないことは明らかです。あらためて指摘する必要はないのですが、「地域」はひ

とつには特定の空間的領域のなかでの移動（場所の変換）を不可欠な側面としており、これを無視しては存立できません。北海道はかつて4,000kmあった線路が2,400kmに縮小され、この間でも、札沼線、日高線、留萌線などの一部が廃止され、このままでは歯止めがなく1,200kmにまで縮小される現実性さえあります。また、バス転換されたのちに、時間の経過とともにバスの本数は減便されているのが現状です。

　諸個人の貧困化と切り離すことはできませんが、地域の衰退・貧困化は、じつはJR——ここでは JR北海道をとりあげますが——が問われているものと共通した性格をもっています。

2　JR北海道のもっている矛盾と二つの解決の道

　JR北海道は、公共的ないし直接に社会的性格をもった鉄道が、同時に、経営の私的形態をもつという矛盾を抱えこんでいます。つまり、本来的には産業基盤かつ生活基盤としての公共財の性格をもつ鉄道が、同時に、私的企業の営利活動の手段となっているという矛盾です。この矛盾が、国鉄の分割・民営化以降の36年間で累積して、ぬきさしならぬ事態にまでいたっているのです。社会的な性格と私的な形態との矛盾は、それにたいする何らかの規制や制御がない場合には、きわめて鋭い形をもって噴出せざるをえません。JR 北海道ではこれが現実になったのです。北海道以外の、他のJRにおけるローカル線もこうした矛盾のなかにあります。この矛盾を解決するには、二つの道があります。

　第一の道は、経営の私的形態を優先して、鉄道のもつ社会的・地域的性格を切り落とすことです。このことは、「選択と集中」の論理をもって赤字路線を切り捨てることを意味します。いいかえれば、クリーム・スキミングでもっとも儲かるところに「参入の自由」を行使し、採算が合わないところは「退出の自由」で撤退するのです。クリーム・スキミングとは、エネルギー、通信、運輸、医療、教育などの公共性の高い産業分野で、事業者が収益性の高いサービスや地域、顧客のみを選別して他を切り捨て、うまみの多い部分だけを「濾しとる」ことをいいます。

　とはいえ、クリーム・スキミングをストレートにいえば住民の反発をかうので、鉄道沿線の自治体が合意したかたちをとることによって、責任をこれらの自治体に転嫁させるのです。

　北海道の場合には、北海道庁がそのための先導的な役割をはたしたのです。道庁は、表向きは路線をいくつかの範疇に分けて、その存続を願っている姿勢をとりつつ、他方では赤字路線を維持したければ、どれだけの財政資金がいるかを試算して、これを沿線自治体に提示したのです。もちろん、各市町村自治体に財政能力がないことを知りながらも、みずからは政府などと交渉

もしないで、市町村に提起するのですから、あくどいというしかありません。

　ここで一例として留萌市長の発言を引用しておきましょう。「留萌線を維持するために沿線自治体が毎年9億円を負担する必要があり、留萌市の負担範囲は6億円前後とみられる。2019年の一般会計予算が131億円強の同市には重い」（日本経済新聞〔2019〕）。その結果、2023年3月31日に留萌線（石狩沼田～留萌間）が廃止され、残りの深川～石狩沼田間は2026年に廃止されることになりました。

　道庁は廃線のための世論づくりをおこない、責任を地域市町村に押しつけたのです。鉄路は全国的そして全道的に結びついているにもかかわらず、恣意的に分断して、複数の沿線自治体で構成された「協議会」を設立して、存続・廃線・バス転換の話し合いをして決めさせる。道庁はそのさいに存続を求めるならば、負担すべきであるとして地元負担の試算を提示するのです。この協議会には、沿線自治体では首長しか出席できず、非公開の密室でおこわれ、決定されるのです。だから、住民の意思が排除されているだけでなく、各自治体が連携することもできないように、各個撃破のシステムであったのです。住民が要求しないかぎり、住民の意思を聴く場はありませんでした。

　このようにJR北海道と道庁との官民一体による廃線の動きがあったのですが、廃線はあくまでも、沿線自治体の自発的意思によるものだ、というかたちが作り上げられたのです。そこには、「地域の自己責任」というイデオロギーがあったのです。北海道の場合には、一行政単位をなしていますが、他県にまたがる本州・九州・四国の場合には、道庁とおなじ役割を中央政府が担うことにしたのが、今回の有識者検討会の提言であったのです。

　JR北海道は他方で「退出の自由」にたいする「参入の自由」をもって、札幌などのホテル・不動産などの経営に傾倒しつつあります。その結果、本業である鉄道事業を手抜きして、必要な設備投資を削り、多くの事故や不祥事を連続的に発生させることになったのです。ある路線では、従来の予算配分では必要な枕木交換が完了するまでに100年以上の歳月を要する、というような発言も労組関係者からあがりましたし、また脱線事故が連続して生じました。さらに、本業の鉄道部門の軽視は、列車の安全装置をわざと壊したり、運転中に携帯電話をしたり等々の不祥事も連発しました。これには、さすがの政府も無視できず、調査と資金援助にのりだしはしたのですが、根本的な

ことに具体的には手をつけないままだったのです。これこそが、JR北海道がいまなお歩んでいる道です。

　第二の道は、経営の私的形態にたいして規制・制御を設けて、鉄道がもつ社会的・地域的な性格を守る道です。この道には具体的にはさまざまな可能性と形態があります。上下分離、JRホールデングの創立など、すでに『地域における鉄道の復権』のなかで論じてありますので省くことにします。ここでは、北海道のJRの再生の展望を開くために、地域の再生のための社会的なイメージおよびその実現のための運動のあり方について論ずることにします。

3 第一の道における理論的な枠組み——「生産者と消費者」 の欺瞞性

「生産者と消費者」「政府か市場か」の欺瞞性

国鉄の分割・民営化の問題についてはすでに述べましたが、ここで確認したいことは、この問題を考える際の枠組みです。それは、端的にいえば、主流派経済学が前提している「生産者（企業）と消費者」および「政府か市場か」という二分法とそれの虚構性です。

「生産者（企業）と消費者」という構造では、人々は「消費者」として存在するか、企業のなかの「人的資本」としてしか存在しないのです。そして生産者（企業）と消費者を媒介するのが「市場」だということになります。消費者は「市場」をつうじて労働力を企業に売り、その見返りに、企業から「市場」をつうじて消費財を購入する、ということです。とはいえ、「市場」では解決できないこともあり、これを引き受けるものとして「政府」があるとして、「政府か市場か」という図式が付加されます。「生産者（企業）と消費者」の構図で気づくことは、本来の「生活している人々」＝生活者が消滅されていることです。

「生活者」とは、すでに述べたように、社会的生産過程を担っている人々であり、物質的財貨の生産に従事している人々だけでなく、他人の生産・再生産（医療・福祉、教育など）に従事している人々および自己を生産・再生産している人々です。一言でいえば、生活を生産している人々です。「生活している人々」の一契機として「消費」があるにもかかわらず、この一つの契機だけを切り取り、これを一面的に全体化して人々を「消費者」に一面化してしまうのです。これは生活者の実態を無視した抽象にすぎません。なぜならば、ここで想定されている「消費者」は、さまざまなコミュニティとか社会的関係も捨象した抽象的個人ないし等質的な人間に還元されているからです。その抽象の意図は、需給関係とそこでの商品価格の世界でだけ動いている人間を作りあげなければならないからです。だから、特定の空間におけ

る社会的関係および自然をふくんだ地域コミュニティとそこで生きている諸個人＝「住民」という規定性が剝ぎ取られて、たんなる等質的で無規定的な存在に還元する必要があったのです。このような「消費者」論は暴力的な思考による産物（＝イデオロギー）だといえます。

　「政府か市場か」という二分法の構図における主体は、「物象化」した関係としての「市場」でしかないのです。「市場」とは、人と人の関係がそれ自体として現われないで、物と物との関係（ここでは商品の交換関係）で、しかも、物と物との関係が主体として登場し、人々がそれに服従する場でしかなく、人々が「市場」を規制・制御するのではないのです。その意味で市場主義とは転倒した社会の表現だといえます。企業が「市場」という場合、利潤原理にもとづき安い労働力を自由に手にいれる場なのです。ですから、企業の利潤が増大すればよいのであって、地域社会やそこでの環境は外部の出来事であって（「外部経済」）、それらのあり方に直接には関心を払わないのです。

　ここでの「政府」は、企業を社会的に規制し、生活者と地域を守るという民主主義的な関係が内部化されたものでは決してありません。それは相互に孤立した消費者たちの私的（＝排他的）利害の対立を「上から」介入的に調整するシステム以上のものではないのです。

「生産者と消費者」論の具体化としての国鉄の分割・民営化

　「生産者と消費者」の図式では、生産者と消費者（この両者は歴史的な性格を受け取っているのですが、この社会的規定性が無視されています。しかし、ここではその点には立ち入りません）を媒介するのが「市場」でした。人類史上最大の発明だとした「市場」に現代社会の唯一の特徴をみいだすのですから、市場で登場する「商品」とその「価格」がすべてです。ここでは、社会全体の把握は放棄され、個々の企業の運命を決する価格競争こそが決定的であるとしますから、個々の企業の外にあるもの＝「外部経済」など問題になることはありません。この図式は部分的・恣意的・局所的な論理だといえます。このことを現実の具体的なことがらに即してみてみましょう。

　大規模小売販売店舗法の廃止は、大規模ショッピングモールに多くの消費者を吸い寄せています。その結果、一方では、地域に根ざしていた商店は潰れ、コミュニティが空洞化しています。このことは、中小都市のシャッター

通りをみれば誰の目にも明らかです。それだけではありません。営業時間を延長する大規模店では、そこでの労働時間を担っているアルバイトの学生・パートの主婦は、正規労働者の半分の低賃金であり、社会保険への加入の権利も十分には保障されていません。このことの背後には「労働の規制緩和」があります。その結果、地域のなかに「いわゆる第三世界」（劣悪な労働・生活条件下にあるいわゆる発展途上国）が形成されています。

現在では、このショッピングモールも、ネット販売の普及によって成り立たなくなりつつあり、地域の経済・生活圏が根こそぎ剥奪される事態が進行しています。

このような諸要因が地域社会のあり方を規定して、コミュニティの崩壊のなかで、高齢化社会を支えるために介護プロの派遣が必要になり、また学校の統廃合が進み、人間自身の生産・再生産が困難になっています。社会全体は、一方では社会的貧困と地域社会の過疎化と他方での一極集中化という異様な事態が進んでいるのです。

国鉄の分割・民営化はどうであったのでしょうか。根本的な問題は、国鉄の分割・民営化路線の背景にある思考の枠組みも、まさしく上記と同様であったことです。すなわち、価格パラメーターにのらないものは完全にオミットする、つまり、「外部経済」、とくに価格がつかないものは排除するという考え方です。価格という同質なものに還元することにより、地域がもつ固有性を無視するのです。また、教育・医療も経済（価格）効果がえられるかぎりで考慮に入れるにすぎないのです。この経済学はきわめて部分的・恣意的・局所的な思考（＝イデオロギー）のものにすぎません。これは自然など人間の貨幣換算できない物やその役割を無視した「経済学」だといえます。

廃線が、地域のコミュニティの衰退をまねくことはあらためて指摘する必要はありません。それは、同時に、地域とともにある広大な山間部・森林の保全の軽視を招き、きれいな水や空気を保持できなくなる、というかたちで人間の存在と環境との根本的な結びつきを破壊することに帰着します。農地はもちろん、自然林や山野もある程度人の手が入った方が保全には有効な場合があるのに、過疎によって放置され荒廃することになるからです。

北海道庁は、このような偏りをもった経済学的枠組みにもとづいて、維持困難な路線の維持経費を試算し、沿線自治体にこれを突きつけて、存続断念

をせまったのです。結局、これらの沿線地域がもつ環境保護機能や地域性もまじめに考慮にいれていません。

　ところが、マクロからみた社会的費用から計算すれば、鉄道は経済的にも効率がよいといえます。「自動車の社会的費用とは、自動車の利用によって利用者以外に生じる負担・コスト（外部不経済）」があり、「環境汚染＋混雑費用＋安全性の合計で年間24兆円との試算がある」（宇都宮〔2018-a〕）のです。

　また、たとえばオーストリアでは、「地域の魅力を高める投資としての発想」であり、「日本のように鉄道単体で会計上の収支均衡を目標とするケースは皆無であり、環境に優しく利用者にとって快適な鉄道は、存続可能な社会における重要な交通手段であり」、「収支均衡という目標値ではなく、各都市の持続可能なモビリティ計画に基づき、数値目標を設定する」、だから、「会計上の収支で黒字を求めるのは日本のみである」（宇都宮〔2018-a〕）。

　「赤字経営」の倫理でもって廃線を決定するならば、最大の赤字路線は北海道新幹線ですから、これこそがまずもっての廃線の対象にならなければなりません。また、北海道新幹線のトンネル採掘のさいの残土には危険な有害物質が含まれていることがわかっても、「外部」として問題にせず、住宅街近くに積み捨てておくのです。これが中央政府と地方自治体のすることか、と疑ってしまいます。

4　第二の道をもとめて——鉄道の再生の展望

　「生産者と消費者」「政府と市場」という経済学が描く社会に代わって、私たちは、現実の社会をふまえて、どのような社会のイメージを構想すべきなのでしょうか。

　国家と市場との中間に、それらとは異なった「社会」を構築することです。そのうえで、その社会が企業・国家・市場を規制する必要があります。そこで価格メカニズムのみに吸収される「消費者」を超えた空間の場とそこでの諸主体が明らかにされなければなりません。

　市場に供給された物財やサービスを選択・購入・消費するだけの一面化・抽象化され孤立的にとらえられた消費者ではなく、より総体的な存在者である「生活者」が出発点におかれなければなりません。生活者とは、すでに述べたように、社会的協働に関係のある人々、しかも物質的財貨の生産だけでなく、人間自身の生産に直接に従事している人々（医療・教育・介護などの労働者）＝生活の生産者＝生活者です。この生活者は、特定の空間における社会関係すなわちコミュニティ（「地域」）のなかで生きている人々＝「住民」です。生活者相互の社会的交流や周囲の自然環境への働きかけによって「地域」は形成されるのです。そして、「地域」の形成を通じて生活者たちは自らに「住民」としての性格を与えるのです。ですから、ここでの「住民」は、行政区に住んでいる住民という行政管理上の概念とは必ずしも一致するわけではありません。

　地域が特定の空間的領域からなっているのですから、移動という交通を剥奪されることは地域・住民にとっては死活問題であり、また、有害物質を地域に放擲（ほうてき）することは、その住民にとっては許されるものではありません。これは「地域エゴ」ではなく、生活者としての住民の論理です。

　生活者としての住民は、さらに一定の段階では「市民」というより発展した規定性をうけとらなければなりません。それでは「市民」をどのように理解したらよいのでしょうか。

「市民」とは、歴史的にふりかえれば、自治都市の出現とともに、国王などの権力が及ばない城壁をつくり、その城壁の内部のことはみずからが決定し治めていくことに源流をもっているのです（内橋克人〔1997〕）。だから、「市民」とは、「自治（オートノミー）」、近年の流行語でいえば「自己統治能力（ガバーナビリティ）」と不分離一体なのです。

生活者－住民－市民という三つの概念が、相互に浸透しまた転化していくことが求められます。生活者を基礎にしながら、特定のコミュニティに生活している住民を媒介とし、これらを堅持しながら、市民としてオートノミー（自治）を形成していくのです。このような自治の空間の形成こそが社会運動です。なぜ、市民運動といわないで、社会運動というのか説明しましょう。市民とは、生活者・住民という規定性（性格）を自己のうちに保持しており、社会的存在根拠をもっています。したがって社会的根拠を欠いた抽象的な市民とは違ったものです。この点を明示するには社会運動のほうが適切だからです。

社会運動の成果が、現在よく議論の対象になっている「コモンズ」です。また、先に述べた「社会的共通資本」——わたしは社会的共通ファンドといったほうがより正確だとおもいますが——もそのひとつです。社会的共通ファンドは、「国家管理か市場管理か」、そのいずれかの対象ではなく、原則的には生活者＝住民＝市民が共同利用する生活・産業基盤であり、地域社会の基盤です。

このように社会的共通ファンドの重要なひとつとして鉄道が存在するのです。自治の主体としての市民による地域形成という社会運動のなかでこそ、現在の鉄道における私的形態にたいする規制・制御を設け、鉄道がもつ社会的・地域的な性格を守ることができるのです。ここでは、この具体的形態を特定化するよりも、以上のような基本的な認識を確認することを優先したいと思います。

ただし、鉄道の社会的性格は、特定の地域社会の枠を超えて、社会全体としての承認を必要します。それは、鉄道の運用が、巨大な固定資本と人件費を要すること、および全国ネットワークという一体性をもっているからです。

そこで次の二つの点を指摘しておきましょう。第一は、国家の財政援助が必要だということです。そうでないと、一種の「地域の自己責任」論に呑み

込まれてしまいます。そうならないためには、「補完性の原則」が適用されなければなりません。たとえば、ドイツでは連邦政府が補完性の原則にもとづいて地域公共交通にたいして「恒常的な財政支援」として資金提供をおこない、州政府・郡・市町村そして鉄道事業者が「責任と権限」をもって計画策定・管理などをおこない、さまざまな交通事業者が垣根を超えて形成した「運輸連合」が計画に沿った事業運営をおこなう。これらは、地域の公共交通が社会的に運営され、地域振興政策の一環を担いながら公平で効率的に交通権を保障するのです。これらについては第2部（Q5-7）を参照してください。

　今回の有識者検討会の提言は、上記のことを避けて、地域の自己責任に転嫁させようとしています。それだけでなく、提言は企業JRの社会的責任の放棄を免罪しているのです。

　企業であるJRは、すでに述べたように、経営の私的形態において利潤を追求し、鉄道の社会的性格を犠牲にしようとする内的衝動をもっています。ですから、この内的衝動にたいして、規制緩和とは真反対に、社会的規制を──国法という形態で──設けなければなりません。現在では、地方自治体も鉄道の存続と地域の衰退にたいする危機感をもっているのですから、地方議会などを活用した鉄道の存続を決議し、中央政府とJRとを包囲しなければなりません。

（浅川雅己・宮田和保）

資料

1 衆議院国土交通委員会における武田泉参考人の陳述 (2023年3月17日)

○武田参考人　武田でございます。お招きいただきまして、ありがとうございました。

資料を基に説明していきたいと思います。

まず一枚目ですけれども、本日御説明する内容ですけれども、今回の法案は、モビリティーについては触れられているんですけれども、インフラについては全く触れられていないということで、特に道路と鉄道の話、国交省内の道路局と鉄道局ということで、縦割りの構造が諸悪の根源である。二番目に、道路と鉄道の予算、財源の在り方、北海道開発予算とかを見るとよく分かるということです。三点目に、北海道内の現状、様々な協議会やバス転換、これが特に道内では反面教師となっているということを御説明します。それから四点目、打開策として、軌道法とか上中下分離とか、こういうものを使うということはいかがなのかということで、私案でございます。五点目、北海道で覚悟と気概を持って取り組めば、逆に全国へと展開できるんではないかということでございます。

一枚めくっていただきまして、二枚目に行きます。今回の改正論議の率直な印象ですけれども、今回の法案は、母屋に手をつけないで、屋上のプレハブを増築していく、そういうものではないかということです。それで、鉄道事業法とか大臣指針とか、そういったものはほぼ温存されたままで、交通税とか特定協議運賃とか、そういったものばかり出ておりまして、その中で、あとは道路局側の支援施策というのが全く見受けられないということで、国交省全体を挙げた対応とは到底思えない、やれることが非常に限られているんじゃないかということが初年度の予算でも見られます。

それから、社会資本整備総合交付金についても、今までにない踏み込んだ

内容ではあるけれども、実際どこまでできるのか非常に不透明で、運用面が読めない。

　歴代の大臣答弁も、結局、各局の局ごとの局益答弁に終始していて、例えば、ＪＲ等の鉄道事業者を指導する、そういう言い方をされていますけれども、では、その鉄道に対してどのような国として予算を出すのかということはほとんど語られないということであります。

　それから、交通分野では、河川とか環境分野と比べて、デモクラシーの導入が著しく遅れているんじゃないかというふうに言えます。

　三ページ目に参ります。

　道路と鉄道の関係でありますけれども、これは昔から、もう戦前からありますけれども、戦前の内務省と鉄道省から、建設省、運輸省。それから、交通か運輸か、公共か民営か、公共事業か公益事業か、国が直接事業をするか規制して民間にやらせるかとか、インフラかモビリティーかということで、似て非なる分野なのに、施策は全く別になっています。

　予算規模の圧倒的な違いということで、道路予算は何兆円の世界ですけれども、港湾、鉄道、空港等は何千億円の世界で、その中の鉄道は数千億円の世界で、その中で整備新幹線がかなりの部分を占めている。初年度五十億円というような数字が示されておりますけれども、これは、地方におきます高規格道路一キロメートル当たりの建設費で、例えば、山間部のトンネル部分の暫定二車線なんというのは大体四、五十億円と言われていますけれども、そういう額でしかないということですね。だから、道路の受皿としてできることということであれば、軌道法ということが考えられるんじゃないかということがあります。

　次のページに行きます。

　例えば、写真が出ていますが、左側の二枚が、広島県と岡山県にまたがる芸備線のところで、上の側の写真は、裏側に高規格道路を造っているところで、直接競合しないとはいえ、造っているところですね。その下側のところは、芸備線の踏切がある先に、これは、重点道の駅ということで、かなり全国的にも有名になっていて、日経新聞にも取り上げられたような、道の駅が線路に背を向けて建っている状況でございます。

　右側に行きますと、これは、山形県の陸羽西線、ここは、高規格道路を造

るということで、そのトンネル工事で、かなり支障するということで、二年間にわたって鉄道を止めて、道路の工事の犠牲になっているというところでございますけれども、こういうことも行われております。

　次のページ、お願いします。

　鉄道存廃の協議会ですけれども、私は、四つの協議会や住民説明会があると思います。

　一つ目が任意の協議会でございまして、これが鉄道存廃を自主的に決めているところでございまして、ここは任意なので、非常に密室性が高くて、拙速な議論をしたり、専門知識が欠けたりするところで、報道のぶら下がり取材によって、ようやく、沿線住民は結果のみ後から知らされるというところでございます。

　二番目が、鉄道事業法における廃止手続代替交通確保協議会ですけれども、これは、廃止を半年間繰り上げてもいいかどうかだけやっていまして、事実上、追認の場になっています。

　それ以外に、三と四が今後の、現行と改正の協議会の在り方ですけれども、これも運用次第になっているところでございます。

　次のページをめくっていただきますと、左側が二番目の代替交通確保協議会ですけれども、背広を着た自治体関係者だけで、住民も非常に少数しか傍聴に来ておりませんけれども、右側は、これとは別の、鉄道廃止が決まってからの住民説明会でございまして、これは、要するにバス転換をどうするということしか議論の対象にならない、こういうことが特に道内では行われているところでございます。

　次に行きますと、バス転換の問題点としては、自治体ごとにぶつ切りで運行しているということで、広域運行が非常に消極的なので、鉄道が有していた広域性とかネットワーク性が大きく損なわれるということで、乗り継ぎとか運賃、ダイヤとか、そういったものが非常に困難になっておりまして、数年のうちに溶けて消え去るように、衰退の一途になっているところでございます。

　次のページに行きます。

　それで、これは北海道の日高線の場合でございますけれども、左側の上が、拠点駅の静内駅の廃止後の状況でございまして、高校生とかがわざわざ旧駅

のところまで来て、バスターミナルに、乗ろうとしています。それで、右側ですが、苫小牧行きの道南バスで、静内を出て直後の非常に混雑している状況ですけれども、次の町の新冠を過ぎますと、このようにがらんとした状況になってしまいまして、広域的な鉄道輸送だったものが、バスになって非常に短距離しか乗らなくなってしまうという状況でございます。

　それで、突破口としての軌道法の活用でございますけれども、やはり、鉄道局と道路局が別々にやっているということで、軌道法は、道路と鉄道局が共管であるから、これは路面電車の法律でありますけれども、これを持ってきますと、国が上下分離の下を持つということができるようになるんじゃないかということで、かなりの路線を残して、全国的な在来線のネットワークが維持可能になるのではないかということでございます。

　次のページを見ていただきますと、これは、左側の方が鉄道の法制、右側の方が鉄道局と道路局の共管の法制でございまして、共管の方に行きますと、インフラとして下を持つことができるということで、国がもっと積極的に予算を出す根拠になるんじゃないか。

　次に、上中下分離ですけれども、上下分離は盛んに言われていますけれども、私は、道内の事例を見ていますと、中というもので、その次のページを御覧ください、これですね。要するに、上の部分を上と中、つまり、車両運行とか運営と、車両の保有というものにもう少し分けて、下は下で線路の保有ということで、このようにもっと細分化して、地元の自治体がもうちょっと取り組みやすいような、そういうものがもっとできないかということで、鉄道だけが全部一体になっているところでございます。

　次のページを見ていただきますと、これはちょっと恐縮ですけれども、二〇一七年の北海道開発予算のところで、毎年シェア比はほぼ同じでございますけれども、港湾空港鉄道等というのがありまして、うち港湾と空港を足しますと、二七七五〇になりまして、鉄道は毎年ゼロでございまして、それで道路整備はこの額になっているということで、こういう状況が、鉄道はゼロということがずっと続いているということでございます。

　最後のページを見ていただきますと、まずは北海道で仕切り直しをして、新たな再構築モデルをつくって全国展開ということができるんじゃないかということで、北海道はバス転換先進事例の反面教師ではないということで、

刷新検討会とか国交省の鉄道局は都合のよい側面しか見ていないということで、並行在来線とか貨物調整金がございますし、無用な議論や赤字の押しつけ合いでは不毛でしかないということで、制度設計とか運用が改善されないと機能しないということで、特に、道内のような、行政だけ、首長だけの議論では、矮小化して、負担割合とか経費の削減だけにしかいかないということで、だから、まだできることはあるのではないかということで、創意工夫とか有意義で柔軟な発想が必要ということで、鉄道とまちづくりの実効的な、施策的な一体化、特に、道内では、北海道開発予算というものをもっと積極活用して、北海道開発局は是非この鉄道の存廃問題に、議論に加わるべきということで、例えば、道の駅とかシーニックバイウェイとか、そういったものを鉄道駅に隣接させるとか、鉄道も含めてシーニックレールウェイにするとか、そういったものもできるんじゃないかということで、そういうことでありますと、やはり、もし法改正が行われるのであれば、国交省の鉄道局と道路局の在り方についての行動計画やロードマップを示すことが条件になるのではないかと思います。

　以上でございます。ありがとうございました。（拍手）

出所：「第211回国会 衆議院国土交通委員会議事録第4号」（令和5年3月17日）より抜粋（PDF版〈縦書き〉5ページ3段目〜6ページ4段目）
　　　https://kokkai.ndl.go.jp/#/detailPDF?minId=121104319X00420230317&page=1&spkNum=0&current=1
注：議事録には図表は掲載されていない。

2　参議院国土交通委員会における桜井徹参考人の陳述（2023年4月18日）

　○参考人（桜井徹君）　日本大学の桜井です。本日はお招きいただきまして、ありがとうございます。

　私が述べることは、まず目次を御覧ください。大学の講義でも滑舌が悪いということで学生の評判が非常に良くない、そういう人間が今日こういう晴れの舞台で内容を説明する上で皆さんに御迷惑掛けるかもしれませんが、三十枚のスライドです、急いでやりますが、付いてきてください。

目次です。まず、「はじめに」では、私の立場を説明いたします。その後、ローカル鉄道危機の一般的背景、それから特殊的背景、その後、ヨーロッパ、特にドイツにおけるローカル線維持方策の特徴から見た我が国の、今回法案でも上下分離の導入が言われてますけど、その問題点について述べたい。最後に、結びであります。

　三枚目です。初めに、本法律案に対する参考人の視点です。いろいろ書いてありますけど、三つです。ローカル鉄道問題はローカルだけの問題ではない。確かにローカルの問題ではありますけど、ローカルだけの問題ではないんですということを言いたい。二番目には、鉄道事業は公益事業として理解する必要がある。社会資本とも呼ばれますが。三番目、その際に、ヨーロッパ、特にドイツの経験に学ぶ必要がある。私は、長い間、日本とドイツの鉄道改革の比較をしてきました。

　それではまず、ローカル鉄道危機の一般的背景について、外部要因、内部要因、相互連関、三つについてお話しします。

　五枚目です。外部要因というのは、いろんなところでも、国土交通省及び今回のモビリティ刷新検討会議でも述べられていますけれども、人口減少、マイカーの増加、高速道路の普及が挙げられています。しかし、それらはあくまでも与件です。ギブンとして言われているだけであって、その政策そのものを転換しないと、人口減少やマイカーの増加、高速道路の普及そのものがそのまま進んでしまうわけです。それに対して受け身で、パッシブにやっていたら問題が解決しないと。

　じゃ、この外部要因を促進した要因は何かと、原因は何かというと、それは自然現象じゃなくて政策だと私は思います。グローバリゼーションによる産業空洞化、東京一極集中の国土・産業政策、道路偏重のインフラ投資政策、そういう、まちづくりでも道路中心のまちづくり、そういうものを転換する必要があるわけです。その際に、特に強調したいのは、総合的なインフラ投資政策が、計画が日本では必要じゃないかと。

　その際に、参考としてドイツの連邦交通路計画二〇三〇を六枚目に挙げておきましたので、参考にしてください。ドイツ語ばかりですが、ちょっと日本語にも翻訳してあります。

　それでは次に、内部要因について言います。七枚目です。内部要因とい

うのは、負のスパイラル、悪循環とも言われます。これは私が言っているんじゃなくて、国土交通省も言っていますし、モビリティ刷新検討会議も言っているわけです。経営努力としての列車の減便、減車、優等列車の削減、廃止、駅の無人化等の経費削減政策、あるいは投資の抑制、そういうものが結果として路線の廃止につながっていく、そういうものが負のスパイラルです。

　問題は、この負のスパイラルがなぜ起こっているかということで、企業の独立採算制に問題があるんじゃないかと思います。確かに国鉄分割・民営化で、日本の鉄道はほとんど私企業として経営されてきます。じゃ、私企業だから負のスパイラルは許されるか、そうじゃありません。あくまでも公益事業ですので、政府が、いわゆる、アメリカでもそうですが、公益事業統制をしなけりゃいけないんです。ところが、日本では、御存じのように、一九九九年に審議され、二〇〇〇年に公布されたと思いますが、鉄道事業法の改正で、休廃止がそれまでの許可制から届出制になって規制緩和されたんですね。いや、規制緩和されても大丈夫だというんですけども。

　次のページ、八ページに、ある研究が書いてあります、載せてあります。需給調整廃止前後における新設延長と廃線延長ということで、二〇〇〇年を境に、大手私鉄、第三セクターを中心にどしどし廃止の申請があって行われたと。

　その次、私鉄、大手私鉄や第三セクターの廃線が進んだ後、その後、二〇一五年頃からですね、九枚目ですけども、今度はＪＲが路線廃止をするわけです。それもこれもと言ったら語弊がありますが、やはり鉄道事業法の改正が影響しているんじゃないかと思うわけです。ですから、今回鉄道事業法を見直すわけですけども、こういう方向で見直していただきたいと思っております。

　いや、大臣指針があるじゃないかと、完全民営化した後、きちんとそういう路線の廃止を進めないようにするための大臣指針があるじゃないかと言われるんですけども、あくまで指針であります、あくまでガイドラインであります。

　次に、相互連関行きます。

　外部要因と内部要因それぞれを促進した政策、そのための政策転換が必要なんですけど、更に問題は、外部要因と内部要因が相互連関しているという

ことです。ここを見なければいけないわけです。つまり、負のスパイラルという内部要因と、人口の減少、マイカーの増加、そういうのは連関しているんですね。

　鉄道事業が廃止、それは、済みません、十一枚目、連関を示しているのが資料一です。駅の廃止、運行本数の低下ということと沿線人口の減少が関係あるんじゃないかという研究が幾つかあります。そういう駅の廃止あるいは鉄道の廃止がそういう人口減をするんですけど、鉄道の廃止の後、バス転換がよく出てきます。今回の法案でもそうですが。

　資料二を御覧ください。バス転換をしたらうまくいくか。いかない、あくまで利用者減。ａからｅまでいろいろ書いてあります。ＢＲＴになっても駄目。十二枚目の右側の方に、利用者減は鉄道よりバスの方が大きいと書いてあります。これは、今回の参考人の質疑のために送っていただいた資料の中にあったものです。鉄道よりバスの利用者の方が減少が大きいんですよ。ですから、バスになったから、ああ、大丈夫だということには決してならない。

　そういうような内部要因、外部要因、そして相互連関、そういうのを全部ひっくるめて解決しないとローカル鉄道の危機はそのまま進行してしまう、それを図に表したのが十三枚目の図一です。お読みください。私、一生懸命頑張って書いたんですからね。結構、パワポでこういうの書くの結構しんどいんですけど、まあ何とか頑張りました。

　次行きます。

　一般的背景はそういうことです。でも、一般的背景だけではないんですよ。特殊的な背景がある。コロナ禍で、多くの公共事業者、ＪＲも含めて赤字になっている。特に、一九八七年以降、分割・民営化以降初の上場ＪＲ三社が赤字になって、あっ、大変だと、新幹線、都市圏輸送による地方線の内部補助が崩壊すると、あっ、大変だということで、特に二〇二一年五月頃からＪＲ西日本なんかが、いや、内部補助が崩壊しているので何とかできませんかということで今回こういうようになってきていると思うんですけども。

　内部補助の問題、これから入るんですけども、内部補助崩壊が問題なのかどうか。先ほども言いましたように、ＪＲを含め多くの公共交通機関が赤字なんです。ですから、そのとき政府がコロナ支援を大々的にやるべきだった。資料三を御覧ください。十五枚目です。ドイツにおけるコロナ禍での公共

交通への財政支援です。ドイツ鉄道に対しても、公共近距離旅客輸送、まあ日本の公営事業者あるいは私鉄事業者全てが入ったものですけど、そういうものに対して全体で一兆円ぐらい、日本円にして一兆円をばっとやっている。日本でもＧｏＴｏトラベルとかいろいろやっていましたけれどもですね、まあそれ、もうそれ以上言いません。

　次行きます。

　そういうようなわけで、コロナ禍で大変だから、じゃ、内部補助が崩壊したから今回分離をお願いしたいね、自治体が関与してくださいよねということが今回の法案です。

　じゃ、その内部補助の崩壊の問題で、次、三番目ですが、先ほど、済みません、十四枚目に戻ってください。その中で、いろいろ内部補助の崩壊って、内部補助の問題は非常に難しい問題です。衆議院の参考人質疑でも山内さんが一生懸命、それ難しいと言っています。モビリティ刷新会議の委員の中でも六名中三名が内部補助を維持するべきだという意見もあったりして、なかなか割れております。

　その中で注目されるのは、湯崎広島県知事です。内部補助をするということで、そういう約束で国鉄分割・民営化したんじゃないの、今更何を言ってくれるんだということで、そうであれば国鉄分割・民営化に遡って検討してほしいというのが湯崎広島県知事の意見です。それは資料五を御覧ください。資料五にあるので見てください。

　問題は、じゃ、こっち、国鉄分割・民営化のときに地方交通線の取扱い、どうやったか。図二を御覧ください。十九枚目です。ピンク色の部分が最終的に国鉄再建監理委員会がＪＲから分離すると言ったわけです。ところが、その一年前に国鉄再建監理委員会の緊急答申、第一次緊急答申、第二次緊急答申ありました。そのときには、上のダイダイ色といいますか、ちょっとダイダイ色じゃないな、黄土色といいますか、薄い黄土色の部分がありますが、百七十五線、約一万百六十キロを全部新会社が継承しないというように緊急提言で言ったんです。ところが、国民の反対があったのか、法案を通りやすくするためか、どちらか分かりませんが、とにかくこのピンク色の部分だけになってしまった。だが、今回、そうでないならば、いや、分割・民営化に遡れという議論も、湯崎さんの議論もむべなるかなと思っております。

二十枚目に行ってください。二十枚目の下、ＪＲ東日本の元会長、住田さんが著書で、旧国鉄から引き継いだ七千五百キロの路線を使い、いかに良いサービスを提供するかということがＪＲ東日本の追求すべき公共性だったとちゃんと述べています。今はその、まあもうこれ以上やめておきます。

　次行きます。

　で、そういうこともあるんですけど、じゃ、内部補助の崩壊について実際どうかということで、次の二十一枚目の表二を見てください。これはＪＲ東日本とＪＲ西日本のものを表したものです。もう時間がないのですが、要するに、収支差額、二千人未満の収支差額と、特にＪＲ西日本がそうですが、株主還元額がほぼ同じなんですよ。赤字になっているのに、内部補助をやりながら、助けてねって言っているのに株主に還元こんなにするのはどうかと思っております。

　関連事業もやっているんですけれども、それはもう省略いたします。

　最後、もう四十五分、二十四枚目を見てください。ここでは、要するにドイツでは、もう宇都宮参考人とかが衆議院でも言われていますけれども、ドイツでは公共サービスだと、上下分離していますよと。で、近距離旅客輸送は地方政府が供給責任を持ちなさいと言っています。で、その際に、連邦政府が地域化資金ということで、赤字の六〇％以上を補填できるような資金を鉱油税から、まあガソリン税ですね、そこからいっているということを書いてあります。特に最近は、この廃止路線、やはり民営化ですから廃止路線もありました。それがだんだん復活しているということが書かれてあります。私、ドイツを研究してきて、やっぱり、ドイツの人はなぜこれだけ気候変動問題、温暖化防止に熱心かなというのは、一九八七年に初めてドイツに、八九年に、までにドイツに行ったときに感じました。

　それで、最後、もう二十八枚目、鉄道事業再構築事業としての上下分離の問題点と書いてあります。自治体保有にするということですけれども、一定進歩ですけれども、やはり自治体の財政力に限界がある、やはり国が前面に出さないと、出ないといけないのです。自治体が保有して各鉄道が上下分離をしたときにネットワークが失われるんですね。そういう点も重視、そういう点も考えてもらいたいと思っております。

　じゃ、おまえは日本の鉄道改革をどうするんかという質問があったときの

ために、二十九枚目に一応大胆にも書いておきました。なかなか私も苦労しながら図を作っているわけですけど、まあそういうことであります。でも私は、ヘーゲルが、合理的なものは現実的であり、現実的なものは合理的と言いましたけれども、頭の中で考えて合理的なものはやっぱり現実的になるんだと私は信じております。

　次に、最後はもう①から②、③と書いておりますので、読んでおいてください。

　最後に、ゲーテの言葉を引用したい。外国語を知らぬ者は自国語については何も知らない。外国の鉄道を知らないと日本の鉄道も知らないんじゃないかということであります。手前みそでありますけど、ドイツの鉄道を研究してきた、七十五歳にはまだならないんですけど、それに近い人間の箴言として述べておきたいと思います。

　ありがとうございました。

出所：「第211回国会 参議院国土交通委員会議事録第9号」（令和5年4月18日）より抜粋（PDF版〈縦書き〉5ページ2段目〜7頁1段目）
　　　https://kokkai.ndl.go.jp/#/detailPDF?minId=121114319X00920230418&page=1&spkNum=0&current=1
注：議事録には図表は掲載されていない。

引用文献

政府文書等

運輸安全委員会 (2018)、「鉄道事故調査報告書　紀州鉄道株式会社紀州鉄道線　御坊駅～学門駅間列車脱線事故」2018年1月25日

運輸省地域交通局 (1990)、『数字でみる自動車』1990年版、日本自動車会議所

交通事故総合分析センター (2023)、『交通統計』2022年版

国土交通省 (2012)、「鉄道プロジェクトの評価手法マニュアル」2012年改訂版、鉄道局、2012年7月
https://www.mlit.go.jp/common/000220825.pdf

国土交通省 (2013)、「BRTの導入促進等に関する検討会」2013年10月24日　https://www.mlit.go.jp/jidosha/jidosha_tk1_000011.html

国土交通省 (2020)、『交通政策白書』令和4年版

国土交通省 (2022-a)、「第1回　鉄道事業者と地域の協働による地域モビリティの刷新に関する検討会～利用者視点に立ったローカル鉄道のあり方に関する議論を開始します～」報道資料、2022年2月9日
https://www.mlit.go.jp/report/press/tetsudo05_hh_000109.html

国土交通省 (2022-b)、「鉄道事業者と地域の協働による地域モビリティの刷新に関する検討会について」2022年2月14日
https://www.mlit.go.jp/tetudo/tetudo_tk5_000011.html

国土交通省 (2022-c)、「道路空間を活用した地域公共交通（BRT）等の導入に関するガイドライン」国土交通省総合政策局・都市局・道路局、2022年9月

国土交通省 (2023)、「『地域公共交通の活性化及び再生に関する法律等の一部を改正する法律案』を閣議決定～地域公共交通『リ・デザイン』（再構築）に向けて～」報道資料、2023年2月
https://www.mlit.go.jp/report/press/sogo12_hh_000292.html

国土交通省（web）、「地域のモビリティ確保支援」
　https://www.mlit.go.jp/sogoseisaku/soukou/seisakutokatsu_soukou_
　tk_000001.html
財務省（2021）、「財政制度等審議会　社会資本整備分科会資料」2021年10
　月19日
総務省（2015）、『2015年版人口センサス』
地方鉄道問題に関する検討会（2003）、「地方鉄道復活のためのシナリオ−
　鉄道事業者の自助努力と国・地方の適切な関与−」運輸政策研究機構
有識者検討会（2022）、鉄道事業者と地域の協働による地域モビリティの刷
　新に関する検討会『地域の将来と利用者の視点に立ったローカル鉄道の
　在り方に関する提言〜地域戦略の中でどう活かし、どう刷新するか〜』
　2022年7月25日
　https://www.mlit.go.jp/tetudo/content/001492230.pdf
日本自動車工業会（2021）、『日本自動車工業会統計資料』2021年版
日本再興戦略（2015）、「『日本再興戦略』改訂2015−未来への投資・生産
　性革命−」2015年6月30日 閣議決定

JR文書等
JR四国（2022）、「線区別収支と営業係数の公表について」2022年5月17日
　https://www.jr-shikoku.co.jp/03_news/press/2022%2005%2017.pdf
JR九州（web）、「線区別収支（平均通過人員が2,000人/日未満の線区）」
　https://www.jrkyushu.co.jp/company/info/data/pdf/2021senkubetsu_
　bp.pdf
JR四国（web）、「輸送状況データ一覧」
　https://www.jr-shikoku.co.jp/04_company/disclose/
JR西日本（2020-a）、「『JR西日本グループ中期経営計画2022』見直し」
　2020年10月30日
　https://www.westjr.co.jp/press/article/items/201030_00_minaoshi.pdf
JR西日本（2020-b）、「『JR西日本グループ中期経営計画2022』見直し及び
　2021年3月期第2四半期決算説明会 主なQ&A」2020年11月2日
　https://www.westjr.co.jp/company/ir/pdf/20201102_03.pdf

JR西日本（2021-a）、「社長会見」ニュース・リリース、2021年2月18日

　https://www.westjr.co.jp/press/article/2021/02/page_17370.html

JR西日本（2021-b）、「2021年5月スモールミーティング（Web）における主なQ＆A」2021年5月31日

　https://www.westjr.co.jp/company/ir/pdf/20210531.pdf

JR西日本（2022）、「ローカル線に関する課題認識と情報開示について」News Release、2022年4月11日

　https://www.westjr.co.jp/press/article/items/220411_02_local.pdf

JR東日本（2022-a）、「JR東日本の地方交通線の現状と取組について」2022年2月14日

　https://www.mlit.go.jp/tetudo/content/001464076.pdf

JR東日本（2022-b）、「ご利用の少ない線区の経営情報を開示します」JR東日本ニュース、2022年7月28日

　https://www.jreast.co.jp/press/2022/20220728_ho01.pdf

JR東日本（web）、「線区別収支」

　https://www.jreast.co.jp/company/corporate/balanceofpayments/

JR東日本（web），「BRTの仕組み」

　https://www.jreast.co.jp/railway/train/brt/system.html

JR北海道（2016）、「当社単独では維持することが困難な線区について」2016年11月18日

　https://www.jrhokkaido.co.jp/press/2016/161118-3.pdf

JR北海道（web）、「地域交通を持続的に維持するために　全線区のご利用状況」

　https://www.jrhokkaido.co.jp/corporate/region/pdf/jyoukyou/transition.pdf

地方自治体文書等

大阪メトログループ（2020）、「2018-2025年度　中期経営計画」2020年12月改訂版

加西市（2021）、『令和3年度 加西市一般会計補正予算（第2号）』

　https://www.city.kasai.hyogo.jp/uploaded/attachment/13246.pdf

広報かさい（2020）、『広報かさい』（加西市）、2020 年 10 月号
　　https://www.city.kasai.hyogo.jp/uploaded/attachment/7202.pdf
埼玉県三芳町（2016）、「デマンド交通　1 回利用者アンケート」2016 年 3 月
　　https://www.mlit.go.jp/jtsb/railway/rep-acci/RA2018-1-2.pdf
佐久市（2022）、『佐久市デマンド交通さくっと利用者アンケート調査結果
　　報告書』佐久市地域公共交通確保維持改善協議会 / 株式会社地域総合計
　　画、2022 年 1 月
23 道府県知事（2021）、「地方の鉄道ネットワークを守る緊急提言」2021 年
　　8 月 2 日
　　https://www.pref.hiroshima.lg.jp/soshiki/267/teigenn210802.html
28 道府県知事（2022）、「未来につながる鉄道ネットワークを創造する緊急
　　提言」2022 年 5 月 11 日
　　https://www.pref.hiroshima.lg.jp/soshiki/267/teigenn220511.html
広島県（2022）、「広島県内ローカル鉄道について　鉄道事業者と地域の協
　　働による地域モビリティの刷新に関する検討会ヒヤリング資料」2002 年
　　3 月
　　https://www.mlit.go.jp/tetudo/content/001466861.pdf
北条鉄道（2021）、「北条鉄道の挑戦。引退したキハ 40 気動車をもう一度走
　　らせよう。」『READY FOR』https://readyfor.jp/projects/hojorailway
北条鉄道（2022）、『決算報告書 第 38 期』
　　http://www.hojorailway.jp/wp-content/uploads/2022/06/kessan_houk
　　oku38.pdf
北海道商工会議所連合会（2022）、「道内、道内 − 本州間の輸送力確保・再
　　構築に向けた緊急提言書」2022 年 7 月
　　https://www.hokkaido.cci.or.jp/files/logistics/20220721-1.pdf
北海道二十一世紀総合研究所（2009）、『北海道における鉄道廃止代替バス
　　追跡調査 − 調査報告書 −』北海道二十一世紀総合研究所、2009 年 3 月

書籍
宇沢弘文（2000）、『社会的共通資本』岩波新書
内橋克人（1997）、『経済学は誰のためにあるか』岩波書店

宇都宮浄人（2015）、『地域再生の戦略』ちくま新書

葛西敬之（2001）、『未完の「国鉄改革」 巨大組織の崩壊と再生』東洋経済
　　新報社

交通権学会編（1999）、『交通権憲章－21世紀の豊かな交通への提言』日本
　　経済評論社

住田正二（1992）、『鉄路（レール）に夢をのせて』東洋経済新報社

西川栄一（2016）、『リニア中央新幹線に未来はあるか』自治体研究社

広井良典（2019）、『人口減少社会のデザイン』東洋経済新報社

廣岡治哉（1987）、『市民と交通～現代の交通問題とその背景』有斐閣

宮田和保・桜井徹・武田泉編著（2021）、『地域における鉄道の復権―持続
　　可能な社会への展望―』緑風出版

論文等

青木真美（2018）、「なぜ公共交通は必要か」『同志社商学』 第69巻第5号、
　　2018年3月

我妻　裕（2021）、「鉄道路線存続と人口推移の関係についての試論」『北海
　　道学園　開発論集』第107号

板谷和也（2016）、「イスタンブールのBRTをどう評価するか―各国BRT
　　との比較―」『運輸政策研究』運輸政策研究所、2016年夏号

市川嘉一（2022）、「やはり小出しのローカル線対策」『運輸と経済』2022年
　　9月号

植村洋史ほか(2021)、「駅周辺特性による異質性を考慮した地方鉄道の存廃
　　が駅勢圏人口に及ぼす影響の分析」『都市計画論文集』56巻3号

宇都宮浄人（2018-a）、「地域公共交通の統合的政策を考える：ヨーロッパの
　　地域再生を踏まえて～連合北海道『地域公共交通を考えるPT』第3回講
　　座」

宇都宮浄人（2018-b）、「地域公共交通の統合的政策を考える：欧州の地域再
　　生を踏まえて」『北海道自治研究』595号、2018年8月

奥田　仁（2021）、「北海道における地域の変容と鉄道」宮田・桜井・武田
　　編著『地域における鉄道の復権』緑風出版

櫛田　泉（2022）、「広島県知事が主張『国はJRのあり方を議論すべき』」『東

洋経済online』2022年9月20日

https://toyokeizai.net/articles/-/617648?page=3

小林拓矢（2022）、「8月豪雨でJR東日本のローカル線被災　復旧困難路線の『営業係数』『輸送密度』は？」『Yahoo!ニュース』2022年8月25日

https://news.yahoo.co.jp/byline/kobayashitakuya/20220825-00311712

坂本淳・山岡俊一（2017）、「地域鉄道の廃止と駅周辺における社会経済の変化の関係分析」『都市計画論文集』Vol. 52, No.3.

桜井　徹（2021）、「欧州における鉄道改革と路線の維持」宮田・桜井・武田編著『地域における鉄道の復権』緑風出版

桜井　徹（2022）、「地域公共交通の危機とその再生に関する論点」『前衛』1013号

桜井　徹（2023）、「公益事業としてのJRの役割　国鉄分割・民営化から36年」『経済』336号

自動車検査登録情報協会（2020）、「自家用乗用車の世帯別普及台数　News Release」2020年8月30日

https://www.airia.or.jp/publish/file/r5c6pv000000u610-att/r5c6pv000000u61f.pdf

城福健陽（2021）、「地域公共交通政策を巡る状況」宿利正史・長谷知治編『地域公共交通政策論』東京大学出版会

武田　泉（1998）、「国鉄分割・民営化成功の神話と現実－JRによる知られざるロングシート問題からの検討」『交通権』第16号

タビリス（2022）、「全国ローカル私鉄『輸送密度ワーストランキング』2000未満の路線全リスト」『タビリス』2022年5月30日

https://tabiris.com/archives/local-shitetsu-yusomitsudo/

土屋武之（2020）、「BRTは赤字・被災鉄道よりも大都市にふさわしい」『東洋経済 on line』2020年6月30日

https://toyokeizai.net/articles/-/359407?page=3

鉄道乗蔵（2023）、「国会で明らかになったバス転換路線『利用者激減』の実態」『Yahoo！ニュース』、2023年6月29日

https://news.yahoo.co.jp/expert/articles/4b87fb5ed8db19bf84f7d615e7619d3894866d1c

東洋経済（2016）、『東洋経済 on line』2016年4月2日

鳥塚　亮（2022）、「閲覧注意が必要な　JRが開示するローカル線経営情報について」『Yahooニュース』2022年8月1日
　　https://news.yahoo.co.jp/byline/torizukaakira/20220801-00308226

波床正敏・山本久彰（2013）、「需給調整規制廃止前後における鉄軌道の廃止状況の変化に関する分析」土木学会論文集D3（土木計画学）Vol. 69, No. 5. I_669-I_676.

長谷川直之・中村文彦ほか（2012）、「サービス水準に着目した鉄道廃止代替バスの評価に関する研究」『土木計画学研究・講演集』

ビッグイシュー（2022）、「出勤前、駅で子どもを預けられる　『送迎保育ステーション』から各保育施設へ」『ビッグイシュー』2022年11月1日号

文春オンライン（2018）、「国土交通次官が初めて"踏み込んで"語った『どうするJR北海道』森昌文 国土交通次官インタビュー」「文春オンライン」2018年9月10日　https://bunshun.jp/articles/-/8884

松中亮治ほか（2021）、「鉄道の運行頻度に着目した駅勢圏における年齢階級別人口の社会増減に関する研究」『土木学会論文集D3(土木計画学)』Vol.76, No.5

村井直美（2018）、「JR日高線復旧を　黒字赤字論を超えて鉄道存続の願い」『住民と自治』2018年7月号

新聞記事等

共同通信（2023）、「函館線、貨物維持を検討」『共同通信』2023年7月19日11:29配信

時事通信（2023）、「改正公共交通法10月1日施行＝鉄道再編の協議会設置可能に」『時事通信』2023年6月20日配信
　　https://sp.m.jiji.com/article/show/2983231

中国新聞（2023）、「輸送密度1000人未満のローカル線『優先度高い』」『中国新聞』2023年6月2日付
　　https://www.chugoku-np.co.jp/articles/-/314243

日本経済新聞（2019）、「留萌の選択　『鉄道よりも病院』」『日本経済新聞』2019年12月23日付

日本経済新聞（2022）、「JR東海社長、ローカル線は『収支公表の必要ない』」『日本経済新聞』2022年8月4日付

北海道新聞（2017）、「JR支援『赤字補填は無理』」『北海道新聞』2017年3月11日付

北海道新聞（2022）、「JR留萌線　廃止決定」『北海道新聞』2022年8月31日付

毎日新聞（2022）、「路線収支、公表せず　JR東海『廃線の予定ない』」『毎日新聞』2022年8月7日付地方版
https://mainichi.jp/articles/20220807/ddl/k23/020/141000c

外国語文献

Arbeitsgemeinschaft（Intraplan/VWI　Verkerswissenschaftliches Institut Stutgart）im Auftrag des Bundesministeriums für Digitales und Verkehr （2022）, Standardisierte Bewertung von Verkehrswegeinvestitionen im öffentlichen Personennahverkehr Version 2016+ Verfahrensanleitung （「公共近距離旅客輸送における交通路投資に関する標準化評価　バージョン2016+　手続きガイダンス」）
https://bmdv.bund.de/SharedDocs/DE/Anlage/E/standardisierte-bewertung-2016plus-anhang-5-berechnungsblaetter.pdf?__blob=publicationFile

EU（2020）,*Statistical Pocketbook 2020 : EU Transport in Figures.* Publications Office of the European Union.

Holvad, Torben（2017）,Market Structure and State Involvement: Passenger Railway in Europe, Maasimo Frolio (ed.), *The Reform of Network Industries: Evaluating Privatisation, Regulation and Liberalisation in the EU*, Edward Elgar Publishing.

Howard, Ebenezer（1898）,*Garden Cities of Tomorrow.*（E.ハワード『明日の田園都市』鹿島出版会、1968年）

〈著者略歴〉 (50 音順)

浅川雅己（あさかわ　まさみ）
　　所属　札幌学院大学経済経営学部
　　　　　教授
　　専門　社会経済学（マルクス経済学）

安藤　陽（あんどう　あきら）
　　所属　埼玉大学名誉教授
　　専門　公企業論　鉄道経営論

大塚良治（おおつか　りょうじ）
　　所属　江戸川大学社会学部教授
　　　　　博士（経営学）
　　専門　経営学　観光学

奥田　仁（おくだ　ひとし）
　　所属　北海学園大学名誉教授
　　　　　農学博士
　　専門　地域経済論

小坂直人（こさか　なおと）
　　所属　北海学園大学名誉教授
　　専門　公益事業論

小田　清（こだ　きよし）
　　所属　北海学園大学名誉教授
　　　　　農学博士
　　専門　地域開発政策論

桜井　徹（さくらい　とおる）
　　所属　日本大学名誉教授
　　　　　博士（商学）
　　専門　企業統治論　公益企業論

下村仁士（しもむら　ひとし）
　　所属　交通権学会事務局長
　　　　　博士（商学）
　　専門　交通論　公益事業論

武田　泉（たけだ　いずみ）
　　所属　北海道教育大学札幌校准教授
　　専門　人文地理学　地域交通政策論

地脇聖孝（ちわき　まさたか）
　　所属　安全問題研究会代表
　　専門　鉄道を中心とした公共交通、
　　　　　原子力問題

美馬孝人（みま　たかと）
　　所属　北海学園大学名誉教授
　　専門　社会政策　社会保障

宮田和保（みやた　かずやす）
　　所属　北海道教育大学名誉教授
　　専門　社会経済学（マルクス経済学）
　　　　　言語論

次世代へつなぐ地域の鉄道
——国交省検討会提言を批判する

2023 年 10 月 30 日　初版第 1 刷発行　　　　　　　　定価 2500 円 + 税

編著者　安藤陽・桜井徹・宮田和保 ©
編　集　R 企画
発行者　高須次郎
発行所　緑風出版
　　　　〒 113-0033　東京都文京区本郷 2-17-5　ツイン壱岐坂
　　　　［電話］03-3812-9420　［FAX］03-3812-7262［郵便振替］00100-9-30776
　　　　［E-mail］info@ryokufu.com［URL］http://www.ryokufu.com/

装　幀　斎藤あかね
制　作　R 企 画　　　　　　印　刷　中央精版印刷
製　本　中央精版印刷　　　　用　紙　中央精版印刷　　　　　　　　　E1500

5Gクライシス

加藤やすこ著

四六判並製
一八八頁
1800円

二〇二〇年から5G＝第5世代移動通信システムが運用され始めた。5Gのイロハから懸念される健康影響、海外での反対運動と規制の取り組みを詳述、5G導入をこのまま進めていいのか。また5G電磁波の防ぎ方も解説

牛乳をめぐる10の神話

エリーズ・ドゥソルニエ著／井上太一訳

四六判上製
二一六頁
1800円

医者や栄養士の間で論争になった牛乳。……乳製品は驚くほど様々な健康問題を引き起こすのです——B・スポック医学博士。牛乳は健康に良いと思われているが本当なのか？牛乳をめぐる驚くべき真実を明らかにする。

乳幼児ワクチンと発達障害

臼田篤伸著

四六判並製
二二四頁
2200円

自閉症・発達障害は生まれつきなのか？原因を追求し、様々な証拠から、乳幼児予防接種の乱用が自閉症・発達障害の激増の原因ではないかとの結論に至る。その根拠を解説。どうすれば予防と解決できるかを提言する。

ビーガンという生き方

マーク・ホーソーン著／井上太一訳

四六判並製
二〇八頁
2200円

VEGAN＝ビーガンとは、動物搾取の産物を可能な限り一掃する考え方で、肉・乳・卵・蜂蜜・絹・革・毛皮・羊毛や、動物実験を経た化粧品を避け、動物搾取を推進する企業や研究に反対する社会運動であることを解説。

新・ヤマザキパンはなぜカビないか
【誰も書かない食品＆添加物の秘密】

渡辺雄二著

四六判並製
一七六頁
1700円

あらゆる加工食品には様々な食品添加物が使われている。例えば、ヤマザキパンは臭素酸カリウムという添加物を使いますが、これは発ガン性がある。本書ではこうした食品添加物を消費者の視点で見直す。大好評で全面改訂！

花王「アタック」はシャツを白く染める
【蛍光増白剤・合成界面活性剤は危ない】

渡辺雄二著

四六判並製
一七六頁
1500円

洗濯用洗剤、台所用洗剤には、多くの化学物質が含まれ、共通しているのが合成界面活性剤である。蛍光増白剤もいわく付きだ。石けんさえあれば、ほとんど用が足りる。本書ではこうした製品を取り上げ、安全性や毒性を解明する。

自動車の社会的費用・再考

上岡直見著

四六判上製
二七六頁
2700円

クルマ社会の負の側面を指摘し、警鐘をならした宇沢弘文の『自動車の社会的費用』から半世紀。八〇歳を過ぎても自動車を運転しなければ日常生活も困難となるクルマ社会の転換について、改めて現状を反映しながら考察。

時刻表が薄くなる日

上岡直見著

四六判上製
三一〇頁
2700円

二〇二三年、長年築き上げた鉄道ネットワークを破壊しかねない政府方針が提示された。ローカル線の廃止を促進する内容である。このままでは、新幹線と大都市の通勤路線しか残らず、「時刻表が薄くなる日」が迫っている。

道路の現在と未来
道路全国連四五年史

道路住民運動全国連絡会編著

四六判上製
三六八頁
2600円

住民無視の道路乱開発や道路公害に反対・抵抗してきた道路住民運動全国連絡会。その四五年の闘いの代表例など事例別に総括、道路はどうあるべきかを専門家や研究者の分析・提言などを踏まえ、道路の現在と未来を考える。

自動運転の幻想

上岡直見著

四六判上製
二三二頁
2500円

自動運転は自動車や交通に関わる諸問題を解決できると期待が高まっている。自動車メーカーの開発も急ピッチだ。本当にそうなのか？ 本書は自動運転の技術問題と交通問題を多角的に検証し、自動運転の限界と幻想を指摘。

リニアはなぜ失敗したか

川村晃生著

四六判並製
一七八頁
1500円

リニア新幹線は、死に体に近づきつつある。シールド工法問題、南アトンネル、発生土の処理問題、環境破壊、財源不足など。このまま強行すれば、さらに大きな破綻を招くことになる。これらの問題を専門家が詳しく解説。

原発避難はできるか

上岡直見著

四六判上製
二二四頁
2000円

原発の大事故に備えて国・原子力規制委員会の定めた原子力災害対策指針に基づき、道府県、市町村の原発避難計画が策定された。本書はこれら指針・計画では安全な避難が不可能なことを示し、国の被曝強要政策を問う。

●緑風出版の本

■全国のどの書店でもご購入いただけます。
■店頭にない場合は、なるべく書店を通じてご注文ください。
■表示価格には消費税が加算されます。

地域における鉄道の復権
持続可能な社会への展望

宮田和保・桜井徹・武田泉編著

四六判上製
三三〇頁
3200円

本書は、JR北海道の危機的状況にたいして、新自由主義による従来の「分割・民営化」路線の破綻を総括・批判し、「持続可能な社会」の考え方を基本に、鉄道路線の存続・再生、地域経済・社会の再生の道を提起する。

危ないリニア新幹線

リニア・市民ネット編著

四六判上製
二八二頁
2400円

リニア新幹線計画が動き出した。しかし、建設費だけで五兆円を超え、電磁波の健康影響、トンネル貫通の危険性、地震の安全対策、自然破壊など問題が山積している。本書は、それぞれの専門家が問題点を多角的に検証する。

失なわれた日本の景観
「まほろばの国」の終焉

浅見和彦、川村晃生著

四六判上製
二一四頁
2200円

古来、日本の国土は「まほろばの国」と呼ばれ、美しい景観に包まれていた。しかし、高度経済成長期以降、いつのまにかコンクリートによって国土は固められ、美から醜へと変わっていった。日本の景観破壊はいつまで続くのか。

鉄道は誰のものか

上岡直見著

四六判上製
二三八頁
2500円

日本の鉄道の混雑は異常である。混雑解消に必要なことは、鉄道事業者の姿勢の問い直しと交通制作、政治の転換である。混雑の原因の指摘と、存在価値を再確認すると共に、リニア新幹線の負の側面にも言及している。

JRに未来はあるか

上岡直見著

四六判上製
二六四頁
2500円

民営化から三十年。JRは赤字を解消して安全で地域格差のない「利用者本位の鉄道」「利用者のニーズを反映する鉄道」に生まれ変わったか? 鉄道交通問題研究の第一人者が、分割民営化後を総括、問題点を洗い、未来に警鐘!